Moral – Gnade – Tugend – Recht

Mathias Lindenau · Daniel Schmid Holz
(Hrsg.)

Moral – Gnade – Tugend – Recht

Ethische und rechtliche
Blicke zur Reformation

 Springer VS

Herausgeber
Mathias Lindenau
St. Gallen, Schweiz

Daniel Schmid Holz
St. Gallen, Schweiz

ISBN 978-3-658-20621-5   ISBN 978-3-658-20622-2 (eBook)
https://doi.org/10.1007/978-3-658-20622-2

Die Deutsche Nationalbibliothek verzeichnet diese Publikation in der Deutschen National-
bibliografie; detaillierte bibliografische Daten sind im Internet über http://dnb.d-nb.de abrufbar.

Springer VS

Verantwortlich im Verlag: Frank Schindler

Gedruckt auf säurefreiem und chlorfrei gebleichtem Papier

Springer VS ist ein Imprint der eingetragenen Gesellschaft Springer Fachmedien Wiesbaden
GmbH und ist Teil von Springer Nature
Die Anschrift der Gesellschaft ist: Abraham-Lincoln-Str. 46, 65189 Wiesbaden, Germany

Vorwort

Die vorliegende Publikation beruht auf der Ringvorlesung *Reformation und Ethik. Ihr Einfluss auf die gesellschaftliche Entwicklung*, die gemeinsam vom Zentrum für Ethik und Nachhaltigkeit (ZEN-FHS) und der Evangelisch-reformierten Kirche des Kantons St. Gallen durchgeführt wurde. Die Vorlesungsreihe thematisierte einige gesellschaftliche Ausprägungen der Reformation sowie ihre unterschiedlichen Bezüge zur Ethik. Den Abschluss bildete eine Podiumsdiskussion zum Thema der Demokratiekultur. Die ausgewählten Beiträge konzentrieren sich auf ethische und rechtliche Bezüge zur Reformation. In diesem Buch wird weder eine vollständige Darstellung noch eine abschließende Klärung zur Frage nach der Bedeutung und Leistung der Reformation angestrebt. Die Beiträge sind vielmehr dahingehend ausgerichtet, einzelne Aspekte der Reformation zu beleuchten und dem geneigten Leser so einen Zugang zur weiteren Beschäftigung wie auch der kritischen Auseinandersetzung zu bieten.

Wir danken den Autoren für die unkomplizierte Zusammenarbeit und Herrn Frank Schindler vom Springer Verlag für die wohlwollende Unterstützung unseres Vorhabens.

St. Gallen, im September 2017

Mathias Lindenau
Daniel Schmid Holz

Inhaltsverzeichnis

Einleitung. 1
Mathias Lindenau und Daniel Schmid Holz

Weltgestaltung als ethische Aufgabe 17
Über die Bedeutung der Reformation für die Entstehung des ethischen
Denkens der Moderne
Johannes Fischer

Von Korruption, Berufsbildung, Demokratie, Banken-
und Wissenschaftsethik 37
Ethik der Reformatoren und ihre weltweite aktuelle Bedeutung
Christoph Stückelberger

Die Frage nach dem gelingenden Leben. 53
Tugendethik und Religion
Martin Kolmar

Von der Ablasskritik zur Gesetzesbegründung. 69
Das Problem des Rechts in der frühen Theologie
der ersten Reformation
Mathias Schmoeckel

Autoren 97

Einleitung

Mathias Lindenau und Daniel Schmid Holz

Die Reformation kann als ein historisches Ereignis nicht losgelöst von der Zeitgeschichte betrachtet und folglich nur vor diesem historischen Kontext verstanden werden. Aus diesem Grund scheint eine kurze historisch-kritische Skizze unverzichtbar. Diese Einleitung fokussiert auf den deutschsprachigen Raum sowie den Beginn der Reformationsbewegung.

Die zeitgeschichtliche Epoche, innerhalb derer sich die Reformation vollzog, wurde von Friedrich Engels (1962, S. 312) treffend charakterisiert: „Es war die größte progressive Umwälzung, die die Menschheit bis dahin erlebt hatte." Denn nicht weniger als ein umfassender Kulturwandel wurde durch die Reformation in Verbindung mit der Renaissance und der humanistischen Bildungsbewegung initiiert, dessen Auswirkungen nicht allein auf den religiösen Bereich beschränkt blieben, sondern ebenso das wirtschaftliche, soziale und politische Leben einschneidend veränderten: „Nun erwachten die Geister wie aus langem Schlummer, selbständiger wird das Leben, freiere Gedanken von Gott und Welt, Überzeugungen von einem geistigen und göttlichen Leben auch jenseits der kirchlichen Formen entstehen" (Eucken 1911, S. 267).

Diese progressive Umwälzung darf in Bezug auf die Reformation[1] jedoch nicht als eine völlige Neugestaltung oder gar als Umsturz der Gesellschaft missverstan-

---

[1] MacCulloch (2008, S. 13) hebt hervor, dass von Reformation eigentlich nur im Plural gesprochen werden kann. Denn jede Ausprägung der Reformation, sei es die lutherische, die reformierte oder die katholische Gegenreformation hätte für sich beansprucht, nichts weiter als die Erneuerung des wahren katholischen Christentums zu

1

den werden, sondern ist vielmehr als Forderung zur Erneuerung, Verbesserung und vor allem Wiederherstellung des ursprünglichen Gesellschaftszustandes (z.b. die Wiederherstellung alter verbriefter Rechte der Bauern) wie auch einer dem Evangelium entsprechenden Kirche zu lesen. Seine Erklärung findet diese Auffassung in der mittelalterlichen Überzeugung, dass allein Gott die Schaffung oder Umgestaltung der Welt vorbehalten ist. Deshalb musste jede Veränderung eines von Gott vollkommen eingerichteten Zustands durch den Menschen entsprechend als Abfall von Gottes Ordnung gewertet werden. Was den Menschen allerdings oblag, war die Abschaffung der Missbräuche an dem von Gott eingerichteten Zustand sowie deren Entstellungen zu beseitigen (vgl. Wolgast 1984, S. 317, S. 326). Folglich konnte die Reformation nur als Bewahrung des ursprünglichen Zustands begriffen werden, was sowohl die geistliche wie auch die soziale und politische Sphäre umfasste. Hierin spiegelt sich ein Strukturmerkmal frühneuzeitlicher Gesellschaften: Ausgehend von der Glaubenseinheit aller Christen fungierte die Religion als einigendes Band der Gesellschaft, die Auffassung einer engen Verknüpfung von Politik und Religion, Kirche und Welt war omnipräsent (vgl. Lotz-Heumann 2015, S. 297). Folglich hatte jede Auseinandersetzung um Reformen der Kirche direkt auch Auswirkungen auf die Gesellschaft als solche.

Dass die Reformation nicht auf ein kircheninternes Ereignis beschränkt blieb, sondern sich zunehmend zu einem Politikum auswuchs, verdankt sich dieser Denkweise ebenso wie dem historischen Kontext. Er lieferte den geeigneten Boden für die Aufnahme reformatorischen Gedankenguts und erweckte die reformatorischen Bewegungen zum Leben.

Begünstig wurde dies durch die politischen Verhältnisse jener Zeit. Im *Heiligen Römischen Reich Deutscher Nationen* boten die Auseinandersetzungen zwischen Kaiser und Papst, zwischen Kaiser und den Reichsständen (insbesondere den Kurfürsten), aber auch die jeweilige Bindung der Kräfte von Kaiser und Papst durch außenpolitische Ereignisse, wie z.B. dem Vormarsch der Türken oder den Auseinandersetzungen mit dem Französischen König, den notwendigen Spielraum zur Verbreitung und schließlich Konsolidierung der reformatorischen Ideen und Be-

---

verfolgen. Wie sich dennoch die historische Epochenbezeichnung als Reformation durchgesetzt hat, erklärt Kaufmann (2016, S. 8). Während dieser Begriff „zunächst ganz allgemein allerlei Versuche der Verbesserung durch Wiederherstellung der ursprünglichen Gestalt bezeichnet hatte", wurde er „nun exklusiv auf dieses historische Phänomen der durch Luther und seine Anhänger herbeigeführten Veränderung der Kirche angewandt. Von seinem Ursprung her ist der historische Epochenbegriff ‚Reformation' also durchaus nicht wertneutral, sondern ‚aufgeladen': er transportiert den Anspruch, dass Luther und die anderen ‚Reformatoren' die ‚ursprüngliche' und ‚reine' Gestalt der Kirche und des Christentums wieder hergestellt hätten."

wegung (vgl. Dieterich 2010, S. 13). Hinzu kam die eminent wichtige Erfindung des Buchdrucks: Nicht nur war es jetzt möglich, in kürzester Zeit größere Massen für die Anliegen der Reformation zu gewinnen. Vielmehr sollte sich zeigen, dass die kirchliche Hierarchie kein Mittel fand, mit den traditionellen Repressionsinstrumenten das verbreitete reformatorische Gedankengut wirksam einzudämmen und dessen Ausbreitung zu verhindern (vgl. Kaufmann 2017, S. 123). Zudem wuchs die Alphabetisierungsrate, was für die reformatorische Bewegung, die sich vor allem auf Gottes Wort stützte und von ihren Anhängern ein intensives Studium desselben erwartete, unverzichtbar war (vgl. MacCulloch 2008, S. 115).

Eine weitere wesentliche Voraussetzung war der Wandel der gesellschaftlichen Strukturen ab dem ausgehenden 15. Jahrhundert. Es setzte ein umfassender Prozess sozialer Differenzierung ein: Ein starkes Bürgertum war entstanden, das feudale System stand zur Disposition; sowohl in den Städten als auch auf dem Land wuchs der Abstand zwischen arm und reich kontinuierlich; während die Bauern unter zunehmenden Abgabendruck gegenüber ihren Herren gerieten und über ungerechte Besitzverhältnisse – wie den Zugang zur Allmende – klagten, kam es in den Städten zu Zunftkämpfen mit den hochadeligen Stadtherren, infolgedessen das Patriziat das Stadtregiment übernahm; die zunehmende Bedeutung des Kapitalvermögens und korrespondierend mit ihr das Geschäftsgebaren der großen Handels- und Monopolgesellschaften, das der mittelalterlichen Sozialordnung und ihrer Moralvorstellungen widersprach – all das führte neben Seuchen und Hungersnöten zu wachsender Angst, Unsicherheit und Unzufriedenheit (vgl. Pfitzer 2015, S. 28, S. 40; Oelke 1992, S. 279ff.). Die hier angesprochenen „soziomoralischen Erschütterungen und die aus ihnen erwachsene Zukunftsangst sind der Ausbreitung reformatorischer Ideen zweifellos zugute gekommen, denn die verschiedenen Krisenphänomene wurden nicht, wie dies die moderne Wirtschaftsgeschichtsschreibung tut, als Bestandteile einer tiefgreifenden Modernisierungskrise, sondern als Anzeichen für die Alterung der Welt und das bevorstehende Weltende interpretiert." (Münkler 1993, S. 625)

Dies wog umso schwerer, da die Papstkirche sich mit einem zunehmenden Ansehensverlust konfrontiert sah und kaum auf die sozialen und wirtschaftlichen Nöte der Menschen reagierte. Obwohl sie für sich in Anspruch nahm, die einzige Institution zu sein, die den Weg zum Heil ermöglichen könne, nahm der Zweifel vieler Menschen zu, über die kirchlich vermittelte Glaubensausübung und Frömmigkeit das Seelenheil erreichen zu können: Die Reformunfähigkeit der bestehenden Kirche und das Gebaren der Renaissancepäpste, der Missbrauch des Ablasshandels und die Ämterkäuflichkeit wurden als skandalös empfunden und entfachten bereits lange vor der Reformation eine kirchenkritische Stimmung mit entsprechenden Forderungen nach einer als dringend und notwendig erachteten

Kirchenreform. Gleichwohl blieb die tiefe Frömmigkeit der Zeitgenossen bestehen – „ihr leidenschaftliches Ringen um Gottes Gnade im Leben hier und im Jüngsten Gericht, ihre allgegenwärtige Furcht vor Gottes zeitlichen Strafen und ewiger Verdammnis [...] ihre Hoffnung auf die Seligkeit des Paradieses" (Heckel 2016, S. 65) – weshalb sie einen Ausweg aus dieser Situation ersehnten.

Auf diese skeptische Grundhaltung gegenüber der römischen Kirche aber auch vielen Vorläufern der Kirchenkritik konnte Luther aufbauen und läutete 1517 mit der Veröffentlichung seiner 95 Thesen symbolisch den Beginn für eine Entwicklung ein, die die europäischen Länder tiefgreifend beeinflusst hat und sich weltweit auswirkte. Entscheidend dafür, dass ausgerechnet Luther das Fanal für diese Entwicklung gelang, war „die *systemsprengende* Kraft der Lutherischen Theologie" (Schorn-Schütte 2016, S. 30), die von Luther freilich nie beabsichtigt wurde. Ganz dem spätmittelalterlichen Denken verhaftet, wollte er weder die römische Kirche noch den Papst in Frage stellen oder gar die Einheit der Christenheit auflösen, sondern die römische Kirche von den bestehenden Missständen reinigen. Es ging ihm also nicht um eine neue, sondern um eine reformierte Kirche (vgl. Beutel 2013, S. 154).

Ausgangspunkt war bekanntlich Luthers Missbilligung des herrschenden Ablasshandels, die sich immer mehr zu einer grundlegenden Kritik an der Institution der römischen Kirche auswuchs. Dabei waren es weniger die bestehenden Übel und sozialen Umstände, die Luther antrieben, sondern vielmehr die grundsätzlichen theologischen und dogmatischen Probleme. Zentral für Luthers theologisches Denken waren die alleinige Autorität der Heiligen Schrift (sola scriptura), die den Primat des Papstes wie der Amtskirche verwarf, sowie seine Rechtfertigungslehre, die die mittelalterliche Frage, wie der Mensch vor Gott als gerecht gelten könne, damit beantwortete, dass der Mensch allein durch die Gnade Gottes (sola gratia), als passives Geschenk, vor diesem als gerecht gelten könne. Auf diese Weise wies Luther die Lehre der Kirche von den guten Werken (*Werktätigkeit*) und der damit verbundenen Auffassung, dass der Mensch durch eigene religiöse Bemühungen etwas zu seiner Erlösung tun könne, zurück. Allein die Gnade Gottes und der Glaube (sola fide) an ihn bildeten nach seiner Auffassung die unmittelbare Verbindung zu Gott.

Es war diese Neuformulierung der augustinischen Gnadenlehre sowie das intensive Studium der Schriften des Apostels Paulus, die in der Lage waren, die Amtskirche in ihren Grundfesten zu erschüttern. Denn sie stellte die westliche Christenheit vor die Wahl zwischen dem Gehorsam gegenüber der Kirche oder der Gnadenlehre, die die Kirche in ihrer gegenwärtigen Verfasstheit und ihrer Funktion überflüssig zu machen drohte (vgl. MacCulloch 2008, S. 160f.). Damit „zerbrach für die Zeitgenossen die Gemeinsamkeit der Maßstäbe des Handelns und des Urteils darüber, was jeweils als Reform und Reinigung oder als Umsturz und Zerstörung der Kirche zu gelten habe." (Heckel 2016, S. 90)

Folglich musste die Infragestellung des heilsgeschichtlichen Auftrags der Kirche, die Anfechtung der Autorität des Papstes und das Zurückweisen der besonderen Stellung des Klerus gegenüber den Laien sowie der Angriff auf die Messe, die Sakramente und den Zölibat fast zwingend zu einer Konfrontation mit der römischen Kirche führen.

Luther scheint die Dimension seiner Kritikpunkte anfangs nicht gesehen zu haben. Jede Form einer äußeren Ordnung, sei es ein Staat oder eine Gesetzgebung, hielt Luther für den wahren Christen für überflüssig, da für ihn Fragen des religiösen Lebens nicht Fragen der äußeren Gewalt, sondern der reinen Innerlichkeit waren. Erst die Eigendynamik der Reformation in Wittenberg während seiner Abwesenheit auf der Wartburg sowie die sozialen Revolten der Bauern, die sich explizit auf seine Schriften beriefen, führten Luther vor Augen, dass es zur Fortsetzung und Absicherung der Reformation einer äußeren Ordnung sowie Garantenstellung bedurfte, was ihn schließlich dazu bewog, den Gehorsam der Untertanen gegenüber der weltlichen Obrigkeit zu fordern. Ausgehend vom Denken des Kirchenvaters Augustinus, an dem alle Reformatoren ihre theologischen und politischen Vorstellungen anknüpften, wie etwa die „Vorsehung der Prädestination, [..] der Erbsünde, den zwei Reichen und der heilsgeschichtlichen Irrelevanz des Staates" (Münkler 1993, S. 620), entwickelte Luther seine sogenannte Zwei-Reiche-Lehre: Das Verhältnis von Kirche und weltlicher Ordnung beruht danach auf der göttlichen Setzung von geistlichem (*civitas Dei*) und weltlichem Reich (*civitas terrana*). Da der Christ Erlöster und Sünder zugleich ist und es folglich beider Reiche bedarf, hängen diese beiden Reiche trotz einer scharfen Trennung aufs Engste miteinander zusammen. Die Kirche als Verkörperung des geistlichen Reichs darf nicht weltliche Regierungsgewalt ausüben und hat sich um die Rettung der Seelen zu bemühen, während die weltliche Obrigkeit die gottgewollte Ordnung zu garantieren, sich in Glaubensangelegenheiten jedoch nicht einzumischen hat. Da die weltliche Obrigkeit von Gott gewollt ist, hat jeder die heilige Pflicht sich dieser unterzuordnen; wer sich gegen sie auflehnt, gefährdet die gottgewollte Ordnung. Damit wurde den weltlichen Obrigkeiten die Rolle als Schutzherren der Reformation zuerkannt und ihnen zugleich die Pflicht auferlegt, für das weltliche Wohl wie auch den Fortschritt der Reformation zu sorgen (vgl. Dieterich 2010, S. 111, S. 115).

Doch nicht allein die Landesfürsten, die Luther insbesondere angesprochen wissen wollte, erhielten dadurch eine Legitimation zur Übernahme der kirchlichen Herrschaft, auch die Reichsstädte mit ihren städtischen Obrigkeiten gingen einen ähnlichen Weg, in dessen Folge sie die bischöfliche Gerichtsbarkeit und das kanonische Recht suspendierten sowie die Kirchengüter säkularisierten (vgl. Schnabel-Schüle 2013, S. 12). Neben liturgischen Neuerungen wurden sehr schnell reformatorische Maßnahmen auf sozialpolitischem Gebiet vollzogen. Beispielhaft für sozialpolitische Reformen war Nürnberg, das 1522 die erste Armenordnung dieser Art erließ: Die Armenfürsorge wurde der kirchlichen Zuständigkeit entzogen und durch eine kommunale Behörde ersetzt. Da die Gabe von Almosen nicht mehr als gutes Werk galt, wurde das Betteln grundsätzlich verboten und dafür eine kommunale Unterstützungspflicht ausschließlich für die einheimischen Anspruchsberechtigten eingeführt (vgl. Sachße/Tennstedt 1980, S. 30f.).

Auch in der Schweiz zeigte sich, dass die Reformation i.d.r. besonders in den Städten begeistert aufgenommen wurde und ihrem Streben nach politischer Teilhabe als Bürgergemeinde entsprach, während z.B. die ländlichen Orte in der Innerschweiz die neue Lehre als elementare Bedrohung des Althergebrachten sahen und ihre Rechtmäßigkeit bezweifelten (vgl. Dürrenmatt 1963, S. 193). Mehr noch: Die von Zwingli eingeleitete Reformation in Zürich drohte die Geschlossenheit der Eidgenossenschaft aufgrund der Unversöhnlichkeit der beiden bestehenden Glaubenssysteme zu zerstören (vgl. Reinhardt 2014, S. 51).

Die Schweiz unterlag anderen politischen Rahmenbedingungen als das Heilige Römische Reich Deutscher Nationen. 1499 erkämpfte die *Schweizer Eidgenossenschaft* ihre Souveränität gegenüber dem Haus Habsburg und wurde infolgedessen unabhängig gegenüber dem Reich und dem Kaiser. Die Reformation konnte somit in politischer Hinsicht einen anderen Verlauf nehmen (vgl. Kaufmann 2017, S. 44). Ebenso unterschied sich die innere Organisation der Eidgenossenschaft: Die Eidgenossenschaft wies ein komplex austariertes System bauern- und zunftrepublikanisch organisierter Orte auf, in denen entweder Landsgemeinden oder die gewählten Ratsherren (der Große und der Kleine Rat) politisch breit abgestützt Belange ihres Gemeinwesens entschieden. Die hier zum Ausdruck kommende Auffassung, dass das politisch-öffentliche Leben mitgestaltet werden muss, war Grundlage und Selbstverständlichkeit für Huldrych Zwingli und seine Reformation in Zürich (vgl. Opitz 2013, S. 277).

Anders als Luther, der Heil und Herrschaft stets voneinander getrennt wissen wollte, verfolgte Zwingli die Verchristlichung der Welt mit politischen Mitteln. Diese sah er als unverzichtbar für die Erlangung des Heils an. Auch wenn der Mensch nach Zwinglis Auffassung vollständig von Gott abhängig ist, so bedeutet das keineswegs ein passiv-abwartendes Verharren der Gläubigen auf Gottes Eingreifen; vielmehr soll der Mensch zur Ehre Gottes sein Leben selber und aktiv gestalten, wozu auch das aktive politische Handeln gehört. Richtschnur für das entsprechende Handeln ist die Bibel; sie ist die einzige Autorität, an der sich die christliche Lehre ebenso wie auch ein christliches Gemeinwesen mündiger Bürger auszurichten hat. Daher galt Zwinglis Interesse wesentlich den Fragen der Umsetzung einer gerechten, sittlichen und sozialen Lebensordnung. Inspiriert von Erasmus' christlichem Humanismus, in dem jeder Bürger ein aktives Mitglied seines Gemeinwesens ist und die Obrigkeit für die Durchsetzung von Religion und Moral zu sorgen hat, war Zwingli der Überzeugung, dass nur die göttliche Gerechtigkeit Maßstab für die weltliche Gerechtigkeit sein könne. Da jedoch aufgrund des menschlichen Unvermögens die Verwirklichung göttlicher Gerechtigkeit auf Erden unausführbar ist, sah er als akzeptabelste Lösung die Orientierung an den Gesetzen einer christlichen Obrigkeit, solange sie sich an der göttlichen Ordnung ausrichtet. Wird sie dieser Anforderung nicht gerecht, kann sie ihres Amtes enthoben werden (vgl. Münkler 1993, S. 661).

Das Ziel Zwinglis war nicht eine von der politischen Gemeinde separierte Kirche, sondern gerade das Ineinssetzen von kirchlicher und politischer Gemeinde. Mithin sollte die gesamte Stadtgemeinde in ein christliches Gemeinwesen transformiert werden, das den biblischen Anforderungen genügen konnte. Dafür gewann Zwingli das im Großen Rat vertretene Bürgertum als Träger der Reformation. Infolgedessen übernahm nun die Stadt die Verpflichtung zu Reformen ihres Gemeinwesens. Die dafür notwendigen Diskussionen über das religiöse Leben und die unverzichtbaren Glaubensinhalte erfolgten in den Zürcher Disputationen, die in deutscher Sprache geführt wurden (vgl. Lange 2002, S. 171; MacCulloch 2008, S. 24).

Im Oktober 1523 nahm der Zürcher Magistrat das von Zwingli unterbreitete Reformprogramm, seine 67 Schlussreden, an und leitete die notwendigen Reformprozesse ein. Mit ihm wurden nicht nur die religiösen Belange neu geordnet, sondern ebenso das Schul-, Sozial- und Ehewesen: Die geistliche Gerichtsbarkeit wurde entmachtet und an seine Stelle das Zürcher Ehegericht gesetzt, die Besitztümer der Klöster nach deren Auflösung der kommunalen Kontrolle unterstellt, der katholische Kult, vor allem die Messe, wurde verboten. Neben Sozialreformen, wie sie bereits am Beispiel Nürnbergs skizziert wurden, erfuhr auch das Schulwesen eine besondere Aufmerksamkeit, da Zwingli eine neue Generation formen wollte, die nach dem wahren Glauben lebt (vgl. Kaufmann 2016, S. 52, S. 56).

Mit Sittenmandaten (vgl. das *Grosse Sittenmandat* von 1530 – *Christenlich ansehung des gemeinen Kilchganngs*) versuchte der Rat von Zürich Bürger und Untertanen zu einer für die damalige Zeit gottgefälligen Moral (z.B. Verbot von Tanzen, Spielen und Wirtshausbesuch an Sonntagen und stattdessen einen regelmäßigen Gottesdienstbesuch) zu bewegen. (vgl. Campi und Wälchli 2011; Staatsarchiv des Kantons Zürich 2000, S. 30f.) Mit derlei städtischen Kirchenordnungen, die in die Zuständigkeit und Verantwortung des Zürcher Magistrats fielen, wollte Zwingli die Umsetzung eines auf biblischen Gesetzen beruhendes wohlgeordnetes

Gemeinwesen verwirklichen. Das „enge Ineinandergreifen von Kirchenzucht und
städtischer Politik" (Lutz 1986, S. 55) beruhte auf dem Verständnis vom städtischen Gemeinwesen als Bürger- und zugleich Christengemeinde; die christliche
Polis war entsprechend verantwortlich für die moralische Wohlfahrt all ihrer Ein-
wohner (vgl. Marshall 2014, S. 110). Diese Auffassung wirkte sich in besonderer
Weise bei Jean Calvin aus.

Das reformierte Bern, das bestrebt war seinen Einfluss auszuweiten, unterstütz-
te Genf in seinem Unabhängigkeitsstreben gegenüber dem Herzog von Savoyen
wie auch in der Beseitigung der Herrschaft des in der Stadt residierenden Bischofs
(vgl. Reinhardt 2014, S. 60). Nachdem Genf seine Unabhängigkeit behauptet und
sich feierlich zur Reformation bekannt hatte, entwickelte es sich aufgrund seiner
geographischen Nähe zu Frankreich zu einem Magnet für viele Flüchtlinge aus
Frankreich, aber auch aus Italien, Holland und England, die vor religiöser Verfolgung in ihren Ländern Schutz suchten. Sie stellten eine große und einflussreiche
Gruppe dar, die Calvins reformatorisches Projekt uneingeschränkt unterstützten.
Diese besondere politische Situation eröffnete den Spielraum für eine Kirchenordnung, die innerhalb der Stadtrepublik neben dem Magistrat die kirchlichen Instanzen als zweite und gleichberechtigte Ordnungsmacht etablierte.

Der aus der humanistischen Reformbewegung stammende und juristisch aus-
gezeichnet geschulte Calvin nahm nach seiner Ankunft in Genf die Ausgestaltung
der rechtlichen Ordnung und der Kirchenzucht unverzüglich in Angriff. Wie sich
Gottes Herrschaft auf Erden verwirklichen lässt – das war die zentrale Frage, die
Calvin umtrieb. So erstaunt es auch nicht, dass das Ziel Calvins in der Verwirklichung eines vollkommenen christlichen Gemeinwesens mit einer gesetzförmig
genauen Lebensführung bestand, deren Normen sich aus den in der Bibel zu finden-
den Geboten herleiten. Zur Umsetzung seiner Überlegungen sah Calvin ebenso wie
Zwingli eine Zusammenarbeit von kirchlicher Aufsicht und politischer Obrigkeit
vor, allerdings im Unterschied zu Zwingli sollte die Kirchenzucht nicht durch die
städtische Obrigkeit, sondern durch die kirchliche Gemeinde erfolgen. Diese Idee
legte Calvin in seiner präzise ausgearbeiteten Gemeindeordnung nieder, die nicht
nur den kirchlichen Aufbau, sondern damit zugleich auch den Aufbau des städtischen Gemeinwesens regeln sollte. Funktional wurden in Anlehnung an das Neue
Testament vier Ämter unterschieden: die Pastoren waren für die Verkündigung des
Evangeliums und die Sakramente zuständig, den Lehrern oblag die Erziehung der
Gemeinde im christlichen Glauben, die Diakone übernahmen alle anfallenden sozialen Aufgaben und die Ältesten (die vom Rat aus seiner Mitte gewählt wurden)
waren zusammen mit den Pastoren und Lehrern für die Kirchenzucht zuständig;
diesem sogenannten Konsistorium unterstand die Kontrolle der Lebensführung der
Bürger (vgl. Lutz 1986, S. 99; Korsch 2008, S. 1101; Pfitzer 2015, S. 53).

Trotz massiver Widerstände und harter Auseinandersetzungen mit dem Rat der Stadt, der die Hoheit auch über kirchliche Angelegenheiten nicht verlieren wollte, erreichte Calvin nach anfänglichen Rückschlägen schließlich, dass die Kirchenzuchtmaßnahmen vom Magistrat auf den Zuständigkeitsbereich der kirchlichen Instanzen übergingen. Ihm gelang es so, die Aufgaben der weltlichen Gewalt in kirchlichen Angelegenheiten zu begrenzen, womit er die Zwei-Reiche-Lehre konsequent umsetzte (vgl. Strohm 2009, S. 61-64). Calvins bewunderte und von weltlichen Obrigkeiten unabhängige Kirchenordnung, der exzellente Ruf der Genfer Akademie sowie die Wirksamkeit seiner Maßnahmen führten schließlich dazu, dass Genf den Nimbus eines „protestantischen Roms" (Dürrenmatt 1963, S. 220) erhielt.

Für Calvin gab es keinen Zweifel daran, dass die Reformation nicht bei der Überprüfung theologischer Lehrsätze stehenbleiben dürfe. Vielmehr sollte sich der Lobpreis Gottes in der Lebensgestaltung der städtischen Gemeinde wie jedes Einzelnen niederschlagen, und zwar in der Verrichtung der alltäglichen Pflichten eines jeden. Da jedem Beruf die gleiche Wertigkeit zugesprochen wurde, wenn er als Dienst an Gott erfolgte, erfuhr die Arbeit grundsätzlich eine Aufwertung. Die ihm innewohnende weltliche Askese eines tugendhaften, arbeitsamen, disziplinierten und sparsamen Lebens verbunden mit der Prädestinationslehre Calvins, in einem erfolgreichen Leben ein Zeichen des Auserwähltsein Gottes zu sehen, führte zur Etablierung eines besonderen Berufs- und Arbeitsethos.[2] Vor dem Hintergrund des wirtschaftlich prosperierenden Genf wurden Fragen von industrieller Produktion, Handel und Geldwesen besonders virulent und veranlassten Calvin dazu, wirtschaftsethischen Fragen spezielle Aufmerksamkeit zu schenken (vgl. Strohm 2009, S. 116ff.; Dieterich 2010, S. 116f.).[3]

---

2   Bekanntlich hat Max Weber die These vertreten, dass der *Geist des Kapitalismus* sich zu einem wesentlichen Teil der religiösen Mentalität calvinistischer Prägung verdankt. Diese These ist heute umstritten, da sich bereits in den italienischen Städten des Hochmittelalters eine kapitalistische Wirtschaftsgesinnung etabliert hatte und zudem ein unkontrolliertes kapitalistisches Wirtschaften den umfassenden wirtschaftsethischen Einlassungen Calvins zuwiderlaufen. Wenn der reformierte Protestantismus zur Ausbreitung kapitalistischer Wirtschaftsformen etwas beigetragen hat, dann sind dies eher seine hohe Gewichtung der Bildung und die praktische Tatsache, dass mit der Abschaffung vieler kirchlicher Feiertage die Produktivität deutlich gesteigert wurde (vgl. Straumann 2017, S. 27; Kaufmann 2017, S. 362; Dieterich 2010, S. 117).

3   Bereits um 1530 wurde, im Anschluss an Luthers scharfe Stellungnahmen gegen eigennützige und profitbesessene Verhaltensweisen, in verschiedenen Flugblättern eine Kontroverse zu wirtschaftlichen Fragen ausgetragen. Hierbei ging es im Wesentlichen um Fragen nach zu „den Ursachen und Wirkungen des Binnen- und Außenhandels, der Vorteile der Konkurrenz- und der Gefahr der Monopolbildung, den er-

Nicht nur dieser Aspekt wollte Calvin zur Verherrlichung Gottes geregelt wissen, sondern alle Lebensbereiche. Die bereits erwähnte Sorge, dass das individuelle Fehlverhalten die gesamte Gemeinde treffen könne, führte zur besonderen Betonung der Kirchenzucht. Mögliche Verstöße gegen sie enthielten einen breiten Katalog: „Unter Strafe standen im Genf Calvins unter anderem: das Fernbleiben vom Gottesdienst, sexuelle Betätigung außerhalb der Ehe, Fluchen und Blasphemie, Gewalt oder heftiger Streit unter Ehegatten, Bettel, Müßiggang und Zeitvergeudung aller Art sowie die Anstiftung dazu, Alkoholmissbrauch, Tanz und das Singen ‚unzüchtiger' Lieder, Glücksspiele aller Art, magische Praktiken, der Besitz katholischer Bücher oder der Gebrauch altgläubiger Devotionalien sowie jedwede Verehrung von ‚Götzen'." (Kaufmann 2017, S. 235) Die hier zum Ausdruck kommende Rigorosität der Lebensführung im öffentlichen wie privaten Bereich hielt Calvin für unumgänglich, um die Reformation nicht zu gefährden, Gemeindemitglieder nicht durch schlechte Vorbilder vom rechten Weg abzubringen und die Sünder zu Reue und Umkehr zu bewegen, weshalb die Kirchenzucht auch als praktisches Mittel zur Hebung der Moral angesehen wurde (vgl. Selderhuis 2013, S. 98).

Gerade hierin offenbart sich eine grundsätzliche Problematik, die der Protestantismus mit anderen Weltanschauungen teilt: die Frage nach dem inhärenten Dogma. Wenn die von den Reformatoren betonte Gewissensentscheidung eines jeden einzelnen Gültigkeit besitzt, so muss diese zwangsläufig mit dem Anspruch kollidieren, dass es nur ein *wahres Christentum* und nur eine *wahre Lehre* geben kann. Denn sofern allein Gottes Wort die alles entscheidende Souveränität besitzt, bleibt die Frage, was als Heilige Schrift zu gelten hat und wer warum die Autorität zu ihrer Deutung besitzt (vgl. Schnabel-Schüle 2013, S. 270). Nicht nur wurde dadurch eine Einheit der reformatorischen Bewegung verunmöglicht. Die zuvor bei Calvin skizzierte Auffassung von einer religiös begründeten Forderung nach einer ganz bestimmten Lebensgestaltung lässt für individuelle Gewissensentscheidung und religiöse Glaubensfreiheit keinen Platz (vgl. Strohm 2009. S. 118). Dieser Umstand wirkte sich z.T. erheblich für diejenigen aus, die der verfassten Lehre nicht folgen wollten. Trotz ihrer rasanten Ausbreitung und ihrer Attraktivität für die Städte und einzelne Landesherren stieß die Reformation mitnichten auf breite und ungeteilte Zustimmung. So wurde z.B. das Waadtland zum Protestantismus zwangsbekehrt (vgl. Büchi 2017, S. 18). Aber auch die Reformatoren selbst haben ein unrühmliches Zeugnis für ihre jeweils dogmatische Haltung abgelegt. Beispielhaft dafür stehen Luthers Hasstiraden gegen die *Schwärmer* und die Juden

---

hofften oder eingebildeten wirtschaftlichen Besserstellungen dank politischer Bildung in Zünften oder durch staatliche Lenkung" (Schefold 2004, S. 102).

sowie sein Aufruf an die weltliche Obrigkeit, die aufständischen Bauern erbarmungslos abzuschlachten. Aber auch Zwinglis Agieren in Zürich, der abtrünnige Täufer exilieren und Einzelne in der Limmat ertränken ließ und die altgläubige Eidgenossenschaft notfalls mit Waffengewalt zur Annahme der wahren Lehre bewegen wollte, was schließlich zu den Kappeler Kriegen führte (vgl. Reinhardt 2014, S. 55). Oder die Demütigung einzelner Bürger und die Verbrennung Michael Servets auf Betreiben Calvins in Genf. Toleranz, auch in religiösen Fragen, oder die persönliche Freiheit waren also nicht Wesensmerkmale der frühen Phase der Reformation.[4]

Worin die Bedeutung und die Leistung der Reformation genau besteht, ist in Bezug auf ihren Beitrag zur Entwicklung der modernen westlichen Gesellschaften umstritten. Aus protestantischer Sicht wird die Reformation vorrangig als Beginn der Moderne interpretiert. Dafür spricht z.B. das Berufsverständnis von Luther, womit er die Dreiständelehre egalitär interpretierte. Demgegenüber steht der Einwand, dass mitnichten die Reformation, sondern erst die säkulare Aufklärung den Auftakt zur Moderne und zur individuellen (Gewissens-)Freiheit markiert. Grund dafür ist die von Ernst Troeltsch benannte Ambivalenz der Reformation, die in sich die Traditionen von Renaissance und Humanismus einerseits sowie mittelalterlichem Biblizismus und Autoritätskultur andererseits verbindet (vgl. Korsch 2008, S. 1099). Eine Einschätzung der Bedeutung der Reformation hat entsprechend auf die ursprünglichen Intentionen wie auch die unbeabsichtigten Folgen hinzuweisen, was hier an einigen Punkten erörtert werden soll:

- *Die Forderung nach gesellschaftlicher und religiöser Uniformität führt mittelbar zur Pluralität der Gesellschaft.* Die apodiktische Setzung der Glaubensgemeinschaften, dass nur sie jeweils den wahren Glauben und die wahre Lehre vertreten und folglich die Gesellschaft danach ausgerichtet werden müsse, machte eine Verständigung auf ein gemeinsames religiöses Ideal unter ihnen unmöglich. Das führte nicht nur zur Pluralisierung des Christentums. Denn mit dem Verlust der Glaubenseinheit als integratives und einheitsstiftendes Gesellschaftsprinzip mussten gemeinsame Identitäten, Rechte und Pflichten anders begründet werden, weshalb der säkulare Staat die Vorrangstellung der Religion zurückdrängte und diese durch die Partikularität der weltlichen Gewalten ab-

---

4   Eine Ausnahme davon bildete zur damaligen Zeit Graubünden (Freistaat der Drei Bünde). Im März 1526 wurde auf dem Bundestag in Chur die individuelle relative Religionsfreiheit beschlossen, die Frau und Mann das verfassungsmäßig geschützte Recht zugestanden, frei zwischen päpstlicher oder evangelischer Religion wählen zu können. Zwar galten auch hier die Täufer als Ketzer, aber ein derartiges Recht dürfte in der damaligen Zeit europaweit einzigartig gewesen sein (vgl. Bundi 2017, S. 10).

löste. Damit wurde die Grundlage für eine pluralistische Gesellschaft gelegt (vgl. Marshall 2014, S. 189; Heckel 2016, S. 8).

- *Die forcierte Sakralisierung der Gesellschaft mündet in deren weitgehender Säkularisierung.* Die Verchristlichung der Lebensführung sollte jeden Einzelnen in die christliche Gemeinschaft einbinden, wofür eine enge Verflechtung von Religion und Gesellschaft unverzichtbar war (vgl. Schorn-Schütte 2016, S. 8). Die bereits skizzierte eingetretene Pluralisierung des Christentums und die aus ihr erwachsene konfessionelle Konkurrenz führten zwangsläufig zur Relativierung religiöser Wahrheitsansprüche und leisteten damit indirekt „säkularistischen, laizistischen und atheistischen Tendenzen Vorschub" (Kaufmann 2017, S. 359).

- *Die Unmöglichkeit, mittels religiös motivierter Gewalt den einzig für wahr gehaltenen Glauben durchsetzen zu können, nötigt zur Anerkennung von Toleranz und Koexistenz.* Beide Konfliktparteien des Christentums mussten erkennen, dass sie in einem Patt gefangen waren. Trotz vereinzelter Siege gelang es keiner der konkurrierenden Seiten, die andere Seite dauerhaft niederzuringen. Aufgrund dieses ausgeglichenen Kräfteverhältnisses bestand der einzige Ausweg in unterschiedlichen Formen der Koexistenz, zu denen es faktisch keine Alternative gab. So konnte sozialer Friede nur hergestellt werden, wenn religiöse Unterschiede toleriert und die Beziehung der Religion zum öffentlichen und gemeinschaftlichen Leben im Rahmen klarer rechtlicher Regeln festgelegt wurde (vgl. Kaufmann 2016, S. 80, S. 99; Marshall 2014, S. 189f.). Derlei Erfahrungen mündeten über einen langen Prozess in der Anerkennung unterschiedlicher Lebensentwürfe von Individuen wie auch der Toleranz gegenüber anderen Religion.

- *Der von der humanistischen Bewegung aufgenommene Bildungsimpuls zeitigte rasch bildungspolitische Wirkung.* Die unhintergehbare Autorität des Wortes Gottes sowie der verfolgte Anspruch, dass die Gläubigen die Heilige Schrift selber lesen und verstehen konnten entfaltete rasch eine immense Bildungsdynamik. In deren Folge kam es nicht nur zum Ausbau des Schulwesens und zur Steigerung der Alphabetisierung der Bevölkerung, sondern ebenso zum Aufstieg nationalsprachlicher Text- und Buchproduktion. Mittelbar wurde durch die Reformation die Bedeutung einer Bildungspolitik herausgehoben (vgl. Kaufmann 2017, S. 357).

- *Die polyzentrische Struktur des Protestantismus beförderte das Entstehen einer fundierten Religionskritik.* Aufgrund der unterschiedlichen Deutungsmöglichkeiten der Heiligen Schrift entwickelten sich Lutheraner und Reformierte auseinander. Vielmehr wurde offensichtlich, dass theologische Diskurse als solche nicht abschließbar sind, sofern auf apodiktische Setzungen verzichtet wird. Folglich waren Verketzerungen i.d.R. im Protestantismus ebenso wirkungslos wie Versuche mittels Zensurmaßnahmen Meinungsbildungen zu beeinflussen. So war die Grundlage geschaffen, auf der sich eine begründete Religionskritik entfalten konnte (vgl. Kaufmann 2016, S. 95, S. 97f.).

Aus dieser kurzen Erörterung wird ersichtlich, dass weder ein Kausalzusammenhang zwischen Reformation und westlicher Moderne, noch ein direkter Ausfluss des reformatorischen Gedankenguts zum heutigen demokratischen Rechtsstaat, dem modernen Schul- oder Sozialwesen geführt hat. Vielmehr ist die Reformation als Bestandteil eines vielschichtigen Wechselspiels unterschiedlicher Kräfte und als abhängig von den sozialen und politischen Kontexten zu begreifen. Und als ein Element dieses Wechselspiels kann ihr ein Einfluss auf die Entwicklung der Gesellschaften sicher nicht abgesprochen werden. Zudem „bleiben die uralten Fragen, auf welche die Reformation neue Antworten versucht hat: Was ist der letzte Sinn und Zweck des menschlichen Lebens? Welche Verpflichtungen bestehen unter den Mitgliedern einer Gesellschaft? Inwieweit kann man die Loyalität gegenüber dem eigenen Gewissen und die gegenüber einem Staat im Ausgleich bringen?" (Marshall 2014, S. 191)

Anknüpfend an solche und ähnliche Fragenstellungen beleuchten die versammelten Beiträge in diesem Band normative Fragestellungen, mit denen auch die Reformation konfrontiert war. Am Anfang untersucht *Johannes Fischer* den Einfluss der Reformation auf die Entwicklung des modernen ethischen Denkens und führt in seinen Überlegungen dezidiert vor Augen, wie nachhaltig die moderne Ethik durch die Reformation geprägt wurde. Entscheidend dafür ist die reformatorische Lehre von der Rechtfertigung, die zur Orientierung an einem ethischen Denken führt, welche das menschliche Handeln und dessen Wirkungen in den Mittelpunkt stellt. Aber auch das moralischen Sollen in der Unbedingtheit seines Anspruchs lässt deutlich werden, dass die moralischen Normen als Ausdruck eines säkularisierten Relikts einer religiösen Gebotsethik verstanden werden müssen.

Anschließend skizziert *Christoph Stückelberger* in einem Überblick die Ethik einiger prominenter Reformatoren, wobei Zwingli und Calvin im Zentrum stehen. Für ihn ist die Reformation als eine Weltrevolution zu verstehen, die auf der engen Verzahnung der religiösen Auffassungen der Reformatoren wie auch ihren ethischen Überlegungen beruht. Als Beispiel dafür seien Stückelbergers Ausführungen zu Calvins Finanz- und Bankenethik genannt, in der sich der Reformator ausführlich mit den Folgen einer zunehmend an Bedeutung gewinnenden Geldwirtschaft auseinandersetzt.

Aus einer gänzlich anderen Richtung argumentiert *Martin Kolmar*. Kolmar diskutiert in seinem Beitrag anschaulich die Fragen nach dem gelungenen Leben anhand des Vergleichs zwischen Evolutionsbiologie, Psychologie sowie Neurowissenschaft und antiker Tugendvorstellung. Er kommt zu dem überraschenden Befund, dass viele Aussagen der Tugendethik empirisch verifiziert werden können. Wenn auch im Zuge der Reformation eine Abkehr gegenüber der antiken Tugendethik erfolgte, so weist Kolmar mit seinem Beitrag doch in eine ähnliche Richtung wie Johannes Fischer, der neben Werten, Normen und Regeln auch eine Haltung im Umgang mit dem Anderen als unverzichtbar erachtet.

Abschließend wird der Blick von ethischen Fragestellungen auf die Beziehung zwischen Recht und Reformation gelenkt. Mit seinem Durchgang von Luther über Bugenhagen und Melanchthon bis hin zu Zwingli weist *Mathias Schmoeckel* akribisch nach, dass sich die Frage nach einer tragfähigen Rechtsordnung bereits am Anfang der Reformation gestellt hat. Das Ringen um die Vereinbarkeit der Reformation mit einer irdischen Rechtsordnung, die sowohl der Ausbreitung des wahren Glaubens dienen und zugleich den irdischen Frieden sichern sollte, mündete schließlich in der Anerkennung des Rechts als gesellschaftlichem Ordnungsprinzip.

Die Reformation, so kann abschließend festgehalten werden, ist ein lehrreiches Beispiel für die immerwährende Herausforderung zum Diskurs über die Verfasstheit der demokratischen Gesellschaft. Sich in trügerischer Sicherheit auf das einmal Erreichte zu verlassen und ihre elementaren Bestandteile – die Freiheit der Person, die Unantastbarkeit der Würde eines Menschen, die Toleranzforderung gegenüber anderen sowie das Verständnis von einer Solidargemeinschaft und einer „anständigen Gesellschaft […] in der niemand herabgesetzt und gedemütigt wird" (Margalit 1997, S. 11) – als unverbrüchlich zu betrachten, ist fahrlässig und gefährlich zugleich. Die gegenwärtigen Beispiele in der Welt legen davon beredt Zeugnis ab.

Literatur

Beutel, A. 2013. Martin Luther. In *Das Reformatorenlexikon*, 2. Aufl., hrsg. I. Dingel und V. Leppin, 154-162. Darmstadt: Lambert Schneider.

Büchi, Ch. 2017. Die Geburt der Romandie. Ohne die Reformation gäbe es keine welsche Schweiz. In *NZZ Nr. 11*, 238. Jg. (14. Januar 2017): 18-19.

Bundi, M. 2017. Wie Graubünden zur Glaubensfreiheit kam. In *NZZ Nr. 131*, 238. Jg. (9. Juni 2017): 10.

Campi, E. und Wälchi, Ph. 2011. *Zürcher Kirchenordnungen 1520-1675*. Zürich: TVZ.

Dieterich, V.-J. 2010. *Die Reformatoren*, 2. Aufl. Reinbek: Rowohlt.

Dürrenmatt, P. 1963. *Schweizer Geschichte*. Zürich: Schweizer Druck- und Verlagshaus.

Engels, F. 1962. Dialektik der Natur. In *Karl Marx – Friedrich Engels – Werke (MEW), Bd. 20*, hrsg. Institut für Marxismus-Leninismus beim ZK der SED, 305-568. Berlin: Dietz Verlag.

Eucken, R. 1911. *Die Lebensanschauungen der großen Denker. Eine Entwicklungsgeschichte des Lebensproblems der Menschheit von Plato bis zur Gegenwart*, 9. Aufl. Leipzig: Veit & Comp.

Heckel, M. 2016. *Martin Luthers Reformation und das Recht*. Tübingen: Mohr Siebeck.

Kaufmann, Th. 2017. *Erlöste und Verdammte. Eine Geschichte der Reformation*, 2. Aufl. München: C.H. Beck.

Kaufmann, Th. 2016. *Reformation. 100 Seiten*. Stuttgart: Reclam.

Korsch, D. 2008. Reformation. In *Handbuch der Politischen Philosophie und Sozialphilosophie, Bd. 2*, hrsg. S. Gosepath, W. Hinsch und B. Rössler, 1098-1103. Berlin: De Gruyter.

Lange, U. 2002. Deutschland im Zeitalter der Reichsreform, der kirchlichen Erneuerung und der Glaubenskämpfe (1495-1648). In *Deutsche Geschichte. Von den Anfängen bis zur Gegenwart*, hrsg. M. Vogt, 144-217, Frankfurt a.M.: Fischer.

Lotz-Heumann, U. 2015. Reformation und Konfessionalisierung in Europa. In *WBG Weltgeschichte. Eine globale Geschichte von den Anfängen bis ins 21. Jahrhundert, Bd. IV: Entdeckungen und neue Ordnungen 1200 – 1800*, 2. Aufl., hrsg. W. Demel, 296-324. Darmstadt: Wissenschaftliche Buchgesellschaft.

Lutz, H. 1986. Der politische und religiöse Aufbruch Europas im 16. Jahrhundert. In *Propyläen Weltgeschichte, Bd. 7: Von der Reformation und Revolution*, hrsg. G. Mann, 25-132, Berlin, Frankfurt a.M.: Propyläen.

MacCulloch, D. 2008. *Die Reformation 1490 – 1700*. München: DVA.

Margalit, A. 1997. *Politik der Würde. Über Achtung und Verachtung*. Berlin: Alexander Fest.

Marshall, P. 2014. *Die Reformation in Europa*. Stuttgart: Reclam.

Münkler, H. 1993. Politisches Denken in der Zeit der Reformation. In *Pipers Handbuch der politischen Ideen, Bd. 2. Mittelalter: Von den Anfängen des Islams bis zur Reformation*, hrsg. Ders. und I. Fetscher, 615-683. München: Piper.

Oelke, H. 1992. *Die Konfessionsbildung des 16. Jahrhunderts im Spiegel illustrierter Flugblätter*. Berlin, New York: De Gruyter.

Opitz, P. 2013. Huldrych Zwingli. In *Das Reformatorenlexikon*, 2. Aufl., hrsg. I. Dingel und V. Leppin, 277-285. Darmstadt: Lambert Schneider.

Pfitzer, K. 2015. *Reformation, Humanismus, Renaissance*. Stuttgart: Reclam.

Reinhardt, V. 2014. *Geschichte der Schweiz*, 5., aktual. Aufl. München: C.H.Beck.

Sachße, Ch./Tennstedt, F. 1980. *Geschichte der Armenfürsorge in Deutschland, Bd. 1: Vom Spätmittelalter bis zum 1. Weltkrieg*. Stuttgart: Kohlhammer.

Schefold, B. 2004. *Beiträge zur ökonomischen Dogmengeschichte*, hrsg. V. Caspari. Darmstadt: Wissenschaftliche Buchgesellschaft.

Schnabel-Schüle, H. 2013. *Die Reformation 1495-1555*, 2. Aufl. Stuttgart: Reclam.

Schorn-Schütte, L. 2016. *Die Reformation. Vorgeschichte – Verlauf – Wirkung*, 6. Aufl. München: C.H. Beck.

Selderhuis, H. J. 2013. Johannes Calvin. In *Das Reformatorenlexikon*, 2. Aufl., hrsg. I. Dingel und V. Leppin, 91-100. Darmstadt: Lambert Schneider.

Staatsarchiv des Kantons Zürich. 2000. *Kleine Zürcher Verfassungsgeschichte 1218-2000*. Zürich: Chronos.

Straumann, T. 2017. Zeit der wirtschaftlichen Aufbrüche. Während der Reformation ist der Grundstein für die globalisierte Wirtschaft und eine international vernetzte Schweiz gelegt worden. In *NZZ Nr. 97*, 238. Jg. (27. April 2017): 27.

Strohm, Ch. 2009. *Johannes Calvin. Leben und Werk des Reformators*. München: C.H.Beck.

Wolgast, E. 1984. Reform, Reformation. In *Geschichtliche Grundbegriffe. Historisches Lexikon zur politisch-sozialen Sprache in Deutschland, Bd. 5*, hrsg. O. Brunner, W. Conze und R. Koselleck, 313-360. Stuttgart: Klett-Cotta.

Weltgestaltung als ethische Aufgabe

Über die Bedeutung der Reformation
für die Entstehung des ethischen Denkens
der Moderne

Johannes Fischer

Im November 2016 erschien im deutschen Nachrichtenmagazin *Der Spiegel* ein Artikel von Tobias Becker mit dem Titel *Deutsche protestantische Republik*. Der Autor vertrat darin die These, dass Deutschland immer noch ein zutiefst protestantisch geprägtes Land ist, und dies, obgleich die Kirchenmitgliedschaft gerade in der evangelischen Kirche in den letzten Jahren dramatisch zurückgegangen ist. Der Autor hatte dabei weniger die politische Führungselite in Deutschland im Blick, an die man hier zuerst denken mag, mit der Pfarrerstochter Angela Merkel als Kanzlerin, dem ehemaligen Pfarrer Joachim Gauck als Bundespräsidenten und einer stattlichen Reihe von Bundespräsidenten aus dem protestantischen Milieu. Der Protestantismus habe die deutsche Gesellschaft vielmehr in *moralischer* Hinsicht geprägt im Sinne des protestantischen Ideals „verantwortungsvoller, pflichtbewusster Lebensführung, fußend auf freien, individuellen Entscheidungen". Der damit einhergehende hohe moralische Anspruch drücke in Deutschland auch dem politischen Diskurs seinen Stempel auf. Der Autor zitiert den Zeithistoriker Paul Nolte mit der Feststellung, dass „das Moralisieren" und „die Bewertung von Politik unter ethischen Gesichtspunkten" auf jeden Fall „sehr protestantisch sei". Nirgendwo sonst seien die neuen sozialen Bewegungen der Achtzigerjahre so stark gewesen wie in Deutschland. „Die Friedensbewegung, die Anti-Atomkraft-Proteste, die ökologische Wende: Das waren Einfallstore für einen neuen protestantischen Geist in unserer Kultur." Diesem Geist verdanke insbesondere die Partei der Grünen ihren politischen Erfolg. Noch einmal Nolte: „Die Grünen verkörpern eine Politik des schlechten Gewissens. Sie sind eine ungemein protestantische Partei."

Dass „das Moralisieren auf jeden Fall sehr protestantisch" ist, das klingt nicht unbedingt schmeichelhaft. Aber es fügt sich zu der Beobachtung, dass auch die evangelische Kirche sich in der Öffentlichkeit vor allem auf dem Gebiet von Moral und Ethik zu profilieren sucht, und zwar mit einer kaum noch überschaubaren Zahl von öffentlichen Stellungnahmen und Orientierungshilfen zu unterschiedlichsten ethischen Themen, von der Sterbehilfe über nachhaltiges Wirtschaften bis hin zum Streitthema der Inklusion (vgl. Fischer 2016a). Dahinter steht auch ein theologisches Konzept, nämlich das einer *Öffentlichen Theologie*, wonach es Aufgabe der Kirche als öffentlicher Kirche ist, der Gesellschaft ethische Orientierung zu vermitteln (vgl. Fischer 2016b). Innerhalb der evangelischen Kirche gibt es dazu allerdings auch kritische Stimmen. So beklagte der deutsche Bundesfinanzminister Wolfgang Schäuble, selbst ein engagierter Protestant, in einem Beitrag aus Anlass des Reformationsjubiläums eine einseitige Politisierung der deutschen Protestanten, die nicht selten mit Unduldsamkeit gegenüber Andersdenkenden einhergehe. Vor allem aber sei über dem politischen Engagement der „spirituelle Kern" abhandengekommen, ohne den „die bestgemeinte politische Programmatik schal und ihr selbstgestecktes Ziel [...] unerreicht" bleibe (Schäuble 2016, S. 46). Sicherlich liegt in dieser Sicht auch eine gewisse Einseitigkeit, und sie lässt sich gewiss nicht auf das gesamte kirchliche Leben verallgemeinern. Aber man kann ihr auch nicht absprechen, dass sie einen wichtigen Punkt trifft, was das Erscheinungsbild des heutigen Protestantismus betrifft.

Woher kommt es, dass die Kirchen der Reformation gerade auf dem Gebiet von Moral und Ethik eine solche Wirkungsgeschichte entfaltet haben, und das bis in die Gegenwart? Auf diese Frage will ich in meinem Vortrag eine Antwort zu geben versuchen. Meine These wird sein, dass die Reformation nicht nur den Inhalt unserer moralischen Überzeugungen beeinflusst hat, also unsere Vorstellungen davon, was moralisch gut oder schlecht ist, wie wir unser Leben gestalten und welche Normen unser Zusammenleben bestimmen sollen. Ihre eigentliche Bedeutung liegt vielmehr darin, dass sie das Verständnis davon, was Moral und was Ethik ist, entscheidend geprägt hat. Was wir heute unter Moral und Ethik verstehen, das gibt es überhaupt nur aufgrund von Weichenstellungen, die durch die Reformation geschehen sind. Aus diesen Weichenstellungen ist das ethische Denken der Moderne hervorgegangen, ohne das die gesellschaftliche und politische Ordnung westlicher Gesellschaften nicht zu verstehen ist. Insofern reicht die Bedeutung der Reformation weit über den religiösen und kirchlichen Bereich hinaus.

1   Antike und moderne Ethik

Um diese These einsichtig zu machen will ich von einer Unterscheidung ausgehen, die sich in Darstellungen der Geschichte der Ethik eingebürgert hat. Man
unterscheidet dort zwischen zwei Grundparadigmen von Ethik, die nicht nur in
der Sache verschieden sind, sondern auch zu verschiedenen Zeiten in Geltung
standen, nämlich zwischen der *antiken Ethik* einerseits und der *modernen Ethik*
andererseits. Die antike Ethik hatte ihre Zeit bis zur Reformation und teils noch
darüber hinaus, und sie wurde dann nach und nach abgelöst durch die Entstehung
des modernen ethischen Denkens. Historisch ist hier daran zu erinnern, dass zur
Zeit der Reformation die Ethik eine rein philosophische Disziplin gewesen ist.
Es gab damals noch keine theologische Ethik als eigene Wissenschaftsdisziplin.
Wenn Theologen sich mit Ethik befassten – und dies zu tun gehörte damals zur
theologischen Bildung –, dann befassten sie sich mit philosophischer Ethik, und
hier vor allem mit der Nikomachischen Ethik des Aristoteles, des bedeutends-
ten Vertreters der antiken Ethik. Viele bedeutende Theologen, darunter auch der
Reformator Philipp Melanchthon, schrieben Kommentare zur Nikomachischen
Ethik. Demgegenüber bezeichnet man mit dem Ausdruck *moderne Ethik* jene
Richtung des ethischen Denkens, die sich im 18. Jahrhundert im Zeitalter der
Aufklärung vollends herausgebildet hat. Sie ist verbunden mit Namen wie Imma-
nuel Kant, Jeremy Bentham oder John Stuart Mill, und sie ist bis in die Gegenwart prägend geblieben für das Verständnis dessen, was Moral oder was Ethik
ist.

Gewöhnlich unterscheidet man antike und moderne Ethik anhand zweier ver-
schiedener Fragestellungen. Danach ist für die antike Ethik die Frage nach dem
guten Leben leitend, während für die moderne Ethik die Frage nach dem *richtigen Handeln* im Zentrum steht. Charakteristisch für die antike Ethik ist dabei der
Typus der *Tugendethik*. So ist für Aristoteles das gute Leben, zu dem der Mensch
durch seine Natur bestimmt ist, ein Leben gemäß der Vernunft. Für ein solches Leben aber ist es notwendig, dass der Mensch einen entsprechenden Charakter aus-
bildet, der ihn dazu befähigt, sich tatsächlich in allen Lebenslagen so verhalten zu
können, wie es der Vernunft gemäß ist. Das geschieht über die Aneignung entspre-
chender Tugenden, also von Charaktereigenschaften wie Besonnenheit, Klugheit,
Mut oder Gerechtigkeit. So begriffen liegt also die Bestimmung des Menschen in
einem Leben gemäß den Tugenden. In ihnen liegt daher das in ethischer Hinsicht
Entscheidende, und das bedeutet, dass dem konkreten Handeln und Verhalten nur
in einer *abgeleiteten* Weise ethische Qualität zukommt: Großzügiges Verhalten ist
ethisch gut, wenn und insofern mit ihm die Tugend der Großzügigkeit aktualisiert
wird, in welcher das eigentlich Gute liegt. Demgegenüber besteht, wie gesagt, für

die moderne Ethik das ethisch Entscheidende im richtigen Handeln und Verhalten. Daher sind es hier die Einstellungen und Charaktereigenschaften, denen in nur *abgeleiteter* Weise ethische Qualität zukommt: Die Einstellung der Hilfsbereitschaft ist gut, weil sie zu hilfsbereitem Verhalten befähigt, in welchem das eigentlich Gute liegt. Dies also markiert den entscheidenden Unterschied: Die aristotelische Ethik hat ihr Zentrum in der Tugend, die moderne Ethik hat ihr Zentrum im Handeln und Verhalten. Die These meines Vortrags ist, dass es die Reformation gewesen ist, die die Weichen in Richtung auf diese handlungszentrierte Auffassung von Ethik gestellt hat.

Immer wieder sind Philosophinnen und Philosophen auf die Tatsache aufmerksam geworden, dass die moderne Ethik sich nicht nur in ihrer Fragestellung, nämlich der Frage nach dem richtigen Handeln, sondern dass sie sich auch in ihrer Sprache von der antiken Ethik unterscheidet (vgl. Anscombe 1974). Charakteristisch für die moderne Ethik sind bestimmte Ausdrücke wie *sollen, geboten, verboten* oder *Pflicht*, und zwar in einer ganz bestimmten, nämlich *moralischen* Bedeutung. Wenn man von einer Handlung sagt, dass sie nicht nur geboten, sondern dass sie moralisch geboten ist, dann bringt man damit einen unbedingten, letztgültigen Verpflichtungscharakter zum Ausdruck. Diese moralische Bedeutung kommt bei Aristoteles nirgends vor. Aristoteles kannte die Art von Moral nicht, auf der die moderne Moralphilosophie beruht und die bis heute das moralische Alltagsbewusstsein prägt und die Moraldiskurse westlicher Gesellschaften bestimmt. Woher ist diese Moralauffassung aber dann gekommen?

Gerade wenn man den unbedingten Verpflichtungscharakter in Rechnung stellt, den in dieser Moralauffassung Ausdrücke wie *geboten* oder verboten haben, dann drängt sich die Antwort geradezu auf, dass diese Auffassung religiösen Ursprungs ist, nämlich, dass sie das säkularisierte Relikt einer religiösen Gebotsethik ist. In einem vielbeachteten Aufsatz über *Moderne Moralphilosophie* hat die englische Philosophin Elizabeth Anscombe diesen Sachverhalt so formuliert: „Zwischen Aristoteles und uns kam das Christentum mit seiner *Gesetzeskonzeption* der Ethik. Das Christentum nämlich leitete seine ethischen Begriffe von der Thora her. [...] Infolge der jahrhundertelangen Vorherrschaft des Christentums haben sich die Begriffe der Pflicht, des Erlaubten, der Vergebung tief in unsere Sprache und in unser Denken eingebettet." (Anscombe 1974, S. 223)

Wenn Anscombe recht hat mit dieser Diagnose und wenn also die Moral der Moderne ihre geschichtlichen Wurzeln in der jüdisch-christlichen Tradition hat, dann drängt sich freilich die Frage auf, *wie denn*, und vor allem: *wann denn* das Christentum mit seiner Gesetzeskonzeption der Ethik „zwischen Aristoteles und uns" gekommen ist. Anscombe selbst gibt auf diese Frage keine befriedigende

Antwort.[1] Doch gerade wenn man sich vergegenwärtigt, dass bis zur Reformation das ethische Denken maßgeblich von Aristoteles geprägt gewesen ist, dann lässt sich diese Frage kaum anders beantworten als so, dass das, was Anscombe das Dazwischenkommen des Christentums zwischen Aristoteles und uns nennt, die Reformation gewesen ist.

Doch warum die Reformation? Ist das Christentum nicht viel älter? Hätte also der Paradigmenwechsel von der antiken Ethik zur modernen Ethik nicht viel früher erfolgen müssen? Was ist das Besondere an der Reformation gewesen, dass sie eine solche Zäsur in der Geschichte des ethischen Denkens markiert?

2 Die Reformation als Wegbereiterin der modernen Ethik

Diese Frage führt zu der zentralen These meines Vortrags: Dass es gerade die Reformation gewesen ist, durch welche die entscheidende Weichenstellung in Richtung auf die moderne Ethik erfolgt ist, das hat seinen Grund darin, dass die Reformation ganz im Gegensatz zu ihrem eigenen Selbstverständnis eine grundsätzlich andere Auffassung des christlichen Lebens und Handelns entwickelt hat als die christliche Überlieferung, auf die sie sich berief. Man muss sich hierzu in Erinnerung rufen, dass es das zentrale Anliegen der Reformation gewesen ist, sich auf die Heilige Schrift als alleinige Quelle von Gottes Offenbarung zurückzubesinnen. Die Schrift allein sollte maßgebend sein in Fragen des christlichen Glaubens und der christlichen Lebensführung. In ihr fand Martin Luther den für seine gesamte Theologie zentralen Gedanken von der Rechtfertigung des Menschen vor Gott nicht durch gute Werke und Leistungen, sondern allein durch den Glauben an Jesus Christus. Seine klassische Formulierung hatte dieser Gedanke durch den Apostel Paulus im Brief an die Römer gefunden: „So halten wir nun dafür, dass der

---

1 Für Anscombe liegt die Bedeutung der Reformation nicht darin, dass sie der Gesetzesethik zum Durchbruch verholfen hat, sondern ganz im Gegenteil darin, dass sie die Gesetzesethik aus religiöser Perspektive problematisiert hat, indem sie die Möglichkeit der Gesetzesbefolgung in Abrede stellte: „Der Protestantismus leugnete nicht die Existenz eines göttlichen Gesetzes; aber seine bezeichnendste Lehre bestand darin, dass dieses Gesetz nicht gegeben sei, um befolgt zu werden, sondern um zu zeigen, dass der Mensch – selbst im Zustand der Gnade – unfähig ist, es zu befolgen [...]." (Anscombe 1974, S. 242) Nach Anscombes Auffassung wurde damit der Gesetzesethik die Grundlage entzogen. Sie wirkt zwar in der Moralsprache der Moderne nach. Aber ohne religiösen Bezugsrahmen hat diese Sprache ihren Sinn verloren, weshalb Anscombe dafür plädiert, die Ethik von diesen sprachlichen Überresten zu reinigen und zu Aristoteles zurückzukehren.

Mensch gerecht wird ohne des Gesetzes Werke durch den Glauben." (Rm 3,28). In seiner Auslegung dieses theologischen Fundamentalsatzes glaubte Luther in völliger Übereinstimmung mit Paulus zu sein. Tatsächlich jedoch hat Luther diesem Satz in einem entscheidenden Punkt eine andere Interpretation gegeben als Paulus, und das hat ein fundamental anderes Verständnis christlichen Lebens und Handelns zur Folge gehabt, als man es bei Paulus findet.

Man kann sich den Unterschied zwischen Paulus und Luther an der Frage verdeutlichen, worauf es im Leben von Christinnen und Christen in ethischer Hinsicht letztlich ankommt. Für Paulus liegt das Entscheidende darin, dass durch Christinnen und Christen Liebe, Güte, Frieden, aber auch Vernunft und Besonnenheit in die Welt kommen. All das sind für Paulus Gaben des Heiligen Geistes, und so kann man auch sagen, dass für Paulus das ethisch Entscheidende in dem *Geist* liegt, von dem Christinnen und Christen sich in ihrem Leben und Handeln bestimmen und leiten lassen (vgl. Gal 5,25). Heute würde man vielleicht von einem spirituellen Verständnis des Ethischen sprechen.

Für Luther liegt demgegenüber das ethisch Entscheidende im *Handeln* von Christinnen und Christen, nämlich, dass sie den Nutzen und das Wohlergehen ihrer Mitmenschen fördern. In seinem Freiheitstraktat (vgl. Luther 2014a) (*Von der Freiheit des Christenmenschen*) von 1520 legt Luther die Botschaft von der Rechtfertigung allein aus Glauben ohne die Werke des Gesetzes dahingehend aus, dass die Werke hierdurch davon entlastet sind, bei Gott etwas bewirken zu müssen im Sinne des eigenen Seelenheils, und dass sie sich daher ganz am Nutzen des Nächsten orientieren können. In dieser Umorientierung der Werke vom Ziel des Heils bei Gott auf das Ziel des Wohles des Nächsten liegt gewissermaßen die ethische Pointe der lutherischen Rechtfertigungslehre. Der evangelische Ethiker Trutz Rendtorff hat diesbezüglich von einem „christlichen Utilitarismus" (Rendtorff 1982, S. 485) gesprochen, bei dem „die konkrete Bedürftigkeit, der Nutzen für die Nächsten zum neuen Kanon der ethischen Praxis ausgerufen wird" (Rendtorff 1982, S. 485). Damit werden die Weichen gestellt in Richtung auf ein ethisches Denken, für welches das menschliche Handeln und dessen Wirkungen in der Welt im Zentrum stehen.

3   Das Verständnis menschlicher Praxis bei Paulus und Luther

Wie kommt es zu diesem Unterschied zwischen Paulus und Luther? Darauf will ich etwas genauer eingehen, weil hier der Schlüssel liegt zum Verständnis des tiefen Umbruchs, der in der Reformation sowohl in religiöser Hinsicht als auch im Hinblick auf das ethische Denken geschehen ist. Was zunächst Paulus betrifft, so ist es nicht ganz einfach, seine spirituelle Auffassung des Ethischen dem heutigen Verstehen zu erschließen. Man muss sich dazu das religiöse Wirklichkeitsverständnis vor Augen führen, von dem das Denken des Paulus bestimmt ist, und man muss sich dazu von bestimmten gedanklichen Klischees freimachen, die in heutigen Auffassungen von Religion begegnen. So ist die Meinung verbreitet, dass Religion in einem Glauben an irgendwelche metaphysischen Tatsachen besteht wie zum Beispiel an die Tatsache, dass es einen Gott gibt, oder an die Tatsache, dass die Welt in sieben Tagen erschaffen worden ist.[2] Auf Paulus und die Bibel trifft das nicht zu. Hier ist Religion nicht bloßer Tatsachenglaube, sondern etwas von Grund auf anderes, nämlich ein hochreflektierter Umgang mit *Wirklichkeitspräsenz*, also mit der Wirklichkeit, wie sie von Menschen im Hier und Jetzt erlebt und erlitten wird. Will man sich dies an einem Beispiel verdeutlichen, dann denke man an das Werden und Gedeihen in der Natur, wie es in jedem Frühling aufs Neue zu erleben ist. Dem Denken der Moderne entspricht es, dies kausal zu erklären. Dabei geht es um eine Tatsache, wie sie durch ein konstatierendes Urteil formuliert wird – z.B. „Die Blumen erblühen", „Die Wiesen werden grün" –, und diese Tatsache wird aus anderen Tatsachen wie z.B. klimatischen Bedingungen erklärt, die hierfür ursächlich sind. Im Fokus des religiösen Denkens steht demgegenüber nicht die Tatsache, sondern vielmehr die erlebte *Präsenz* des Werdens und Gedeihens in der Natur, wie sie z.B. an einem herrlichen Frühlingstag vor Augen ist, und diese Präsenz wird auf die *Präsenz* von etwas Anderem zurückgeführt, nämlich auf die Präsenz von Gottes Atem oder Geist: „Du sendest aus deinen Odem, so werden sie geschaffen, und Du machst neu die Gestalt der Erde" (Psalm 104,30). Unmittelbar sinnenfällig präsent ist dabei nur das Blühen und Gedeihen der Natur. Gottes Atem hingegen als dasjenige, worauf dieses zurückgeführt wird, ist nur indirekt und mittelbar *in* diesem Blühen und Gedeihen sinnenfällig präsent. Unabhängig davon ist seine Präsenz den Sinnen entzogen, ist er unsichtbar.

Innerhalb dieser Wirklichkeitsauffassung ist ein Gedanke, wie er im mechanistischen Weltbild der Moderne entwickelt worden ist, nämlich, dass Gott die Welt wie ein aufgezogenes Uhrwerk geschaffen hat, das sich fortan aus eigenem Antrieb bewegt, völlig undenkbar. Vielmehr existiert die Welt in jedem Augenblick aus der Präsenz von Gottes Atem oder Geist. In dieser Weise wird das, was in der Zeit geschieht, auf etwas zurückgeführt, das durch seine Präsenz in die Zeit hineinwirkt, aber – wie Gottes Geist – selbst nicht der Zeit unterworfen ist und in diesem Sinne der Sphäre des *Ewigen* zugehört. Ewigkeit ist hier kein quantitativer

---

2 Beispielhaft für dieses Verständnis von Religion ist Ronald Dworkins Buch *Religion ohne Gott* (2014). Zur Kritik vgl. Johannes Fischer (2015).

Begriff. Gemeint ist nicht unbegrenzte Dauer, sondern vielmehr das, was vom Jenseits der Zeit her das Zeitliche bestimmt (vgl. Echternach 1972, S. 838-843). Bei
dieser Wirklichkeitsauffassung ist die alles entscheidende Frage im Blick auf das
menschliche Leben, welche numinosen, d.h. der Sphäre des Ewigen zugehörigen
Mächte es durch ihre Präsenz beherrschen.

Von dieser Frage ist auch das Verständnis menschlicher Praxis bestimmt. Sie
zielt nicht darauf ab, rein weltimmanent die Tatsachen in der Welt zu beeinflussen
und zu verändern. Sie zielt vielmehr auf die Präsenz des Ewigen im Zeitlichen.
Denn was in der Welt geschieht, das geschieht durch diese Präsenz. Dies ist der
Grund dafür, warum für den Apostel Paulus das ethisch Entscheidende im Leben von Christinnen und Christen darin liegt, dass durch sie Liebe, Güte, Frieden
oder Besonnenheit in die Welt kommen. Denn bei alledem geht es um die Gegenwart des Ewigen im Zeitlichen. So hat Liebe diese Struktur: Sie ist als solche den
Sinnen entzogen, man kann sie nirgends sehen. Sinnenfällig erfahrbar ist sie nur
mittelbar, nämlich so, dass sie in der sinnenfälligen Präsenz eines entsprechenden,
liebevollen Verhaltens gegenwärtig ist. Im Blick auf diese verborgene Gegenwart
spricht Paulus vom „Geist der Liebe" (2. Tim 1,7). Es ist dabei kein Zufall, dass
das hebräische, griechische und lateinische Wort für *Geist* zugleich *Atem*, *Hauch*
oder *Wind* bedeutet. In dieser Bedeutungsnuance wird die Vorstellung von etwas,
das in der sichtbaren Welt durch seine Präsenz unsichtbar wirkmächtig ist, so wie
der Wind in der Bewegung der Blätter eines Baumes, unmittelbar anschaulich. Das
meint *Spiritualität* im christlichen Sinne: Sie hat es mit einer Tiefendimension der
Wirklichkeit zu tun, die in der sinnenfälligen Präsenz der Phänomene unsichtbar
gegenwärtig ist.

Diese spirituelle Verfasstheit der Wirklichkeit ist als solche für Paulus keine
Frage religiösen Glaubens, sondern unmittelbares, alltägliches Erleben. Der Glaube bezieht sich auf das Verborgene, Unsichtbare, das in der sinnenfälligen Präsenz
der Wirklichkeit gegenwärtig ist, und das ist für Paulus mit dem Namen Jesus
Christus verbunden. Nach dem Gesagten ist auch klar, dass die paulinische Auffassung des Ethischen nicht unter das Paradigma der antiken Ethik subsumiert
werden kann. Anders als später bei Thomas von Aquin ist die Liebe für Paulus
keine Tugend, sondern Präsenz des Ewigen im Zeitlichen. Überhaupt spielt der
Begriff der Tugend in der Bibel so gut wie keine Rolle. Was bei Aristoteles Tugend
ist, wie z.B. die Besonnenheit, das ist bei Paulus Geist (vgl. 2. Tim 1,7). Wenn es
eine Parallele zu Aristoteles gibt, dann nicht im Begriff der Tugend, sondern im
aristotelischen Begriff der *Eudaimonia*, der gemeinhin als *Glück* verdolmetscht
wird. Anders als der moderne Glücksbegriff meint dieser Begriff keinen Zustand,
etwa im Sinne eines Glücksgefühls, sondern etwas, das sich wie ein guter Dämon
durch seine Präsenz, d.h. seine Anwesenheit oder Abwesenheit, bekundet (vgl. Fi-

scher 2017a). Wo in einem Gemeinwesen die Tugend herrscht, da ist Gegenwart der *Eudaimonia*.

Was dieses präsenzorientierte Wirklichkeitsverständnis konkret für die ethische Praxis bedeutet, kann man sich exemplarisch am religiösen Pazifismus verdeutlichen, wie er auch heute noch durch die christlichen Friedenskirchen vertreten wird und dem bekanntlich auch der Theologe Dietrich Bonhoeffer nahestand. Der religiöse Pazifismus steht quer zu einem ethischen Denken, das Ethik auf das menschliche Handeln und dessen innerweltliche Folgen reduziert. Ihm geht es nicht um die Herbeiführung von Frieden als einen innerweltlichen Zustand, z.B. in Gestalt des Schweigens der Waffen. Ihm geht es vielmehr darum, der *Präsenz des Friedens* in den innerweltlichen Verhältnissen Raum zu verschaffen, und zwar durch eine Praxis, die diese Präsenz mit sich führt und an sich selbst bezeugt. Wo immer Gewaltverzicht geübt und dem Gebot der Feindesliebe entsprechend gehandelt wird, da *ist* Gottes *Schalom* inmitten einer friedlosen Welt *gegenwärtig*. In diesem Sinne zielt auch der religiöse Pazifismus auf das Gegenwärtig werden des Ewigen im Zeitlichen, des Geistes des Friedens gegen den Ungeist des Hasses, der Menschenverachtung und der Gewalt. Auf den Einwand, dass dies naiv sei und dass man auf diese Weise die Welt nicht retten kann vor Krieg, Unrecht und Gewalt würde ein religiöser Pazifist antworten, dass es nicht die Aufgabe des Menschen sei, die Welt zu retten. Krieg könne nur geistlich überwunden werden, weil er geistliche Ursachen hat, und hierin liege die Aufgabe von Christinnen und Christen, den Geist des Friedens in die Welt zu tragen.

So viel zur spirituellen Auffassung des Ethischen bei Paulus. Um nun den Unterschied zu Luther genau lokalisieren zu können, muss noch etwas zum Verständnis der Thora bei Paulus gesagt werden, also zum Verständnis des Gesetzes in Gestalt der Gebote Gottes. Ich habe Elizabeth Anscombe zitiert, die die Moral und Ethik der Moderne mit ihrem Fokus auf den Begriffen des moralischen Sollens und der moralischen Pflicht auf das Christentum zurückführt, nämlich auf die Tatsache, dass das Christentum seine ethischen Begriffe aus der Thora abgeleitet habe. Ich glaube nicht, dass man sich hierfür auf Paulus berufen kann, sondern dass Anscombe hier durch ein Verständnis der Thora geleitet ist, das sich erst mit der Reformation durchgesetzt hat. Bei Paulus findet sich im Römerbrief der Satz, dass „das Gebot zum Leben gegeben war" (Rm 7,10). Es ist nicht einfach Forderung, Vorschrift oder Verpflichtung, sondern es hat den Charakter einer *Weisung*, man könnte auch sagen: einer *Einweisung ins Leben*. Der Zusammenhang zwischen Gebot und Leben wird dabei nicht durch den Verdienstgedanken gestiftet in dem Sinne, dass das Leben die Belohnung ist, die Gott für den Gehorsam gegenüber seinen Geboten gewährt. Vielmehr muss man sich auch diesen Zusammenhang von der Figur des Gegenwärtigwerdens des Ewigen im Zeitlichen her verdeutlichen: des Ewigen in Gestalt des von Gott her kommenden Lebens, das sich in den Geboten der Thora vermittelt, die Gott seinem Volk beim Bundesschluss am Sinai gegeben hat („Der Mensch, der sie tut, wird *durch sie* leben" (3. Mose 18,5); und des Zeitlichen in Gestalt der konkreten menschlichen Lebensführung gemäß den Geboten der Thora. Das verheißene Leben erweist sich *in* dieser Lebensführung als gegenwärtig; *in ihr* gewinnt es zeitliche Gestalt. Darin liegt der spirituelle Charakter des Lebens nach den Geboten der Thora, wie er bis heute in der jüdischen Frömmigkeit begegnet.

Diese Erinnerung an Paulus und sein Verständnis der Thora war notwendig, weil erst von hierher der Bruch verständlich wird, der sich gerade unter Berufung auf Paulus in der Reformation vollzieht. Wie gesagt, glaubte Luther mit seiner Rechtfertigungslehre in Übereinstimmung mit dem Apostel Paulus zu sein. Tatsächlich jedoch weicht er in einem entscheidenden Punkt von Paulus ab, was sich aus der geschichtlichen Situation erklärt, in der er seine Rechtfertigungslehre formuliert. Luther reagierte mit ihr auf die spätmittelalterliche Bußpraxis, insbesondere auf deren Auswüchse im Ablasshandel, die im Jahr 1517 der Auslöser gewesen sind für Luthers 95 Thesen. Ziel dieser Bußpraxis war das ewige Seelenheil, über das in Gottes Gericht entschieden wird. Diese Praxis folgte der instrumentellen Logik des Verdienstgedankens: Die Werke der Buße sind Mittel, um sich das ewige Seelenheil bei Gott zu verdienen. Adressat dieser Werke ist Gott. Selbst wenn das gute Werk im Almosengeben für die Armen besteht, so zielt es doch nicht eigentlich auf die Armen, sondern auf Gott, der dieses Werk als Verdienst anrechnen soll. Der Antrieb zu dieser Praxis speiste sich aus der ständigen Ungewissheit und Angst, nicht genug an guten Werken getan zu haben, um in Gottes Gericht bestehen zu können, und diese Angst wurde kirchlicherseits durch das Buß- und Ablasswesen gefördert und im Interesse kirchlicher Machtausübung instrumentalisiert. Nur auf diesem Hintergrund wird verständlich, welch ungeheure Befreiung für die Menschen damals in der ja zutiefst pessimistischen Botschaft lag, dass der Mensch durch und durch Sünder ist und unfähig, sich sein Heil selbst zu verdienen, und dass ihm dieses Heil allein durch Gottes Gnade in Christus zuteil wird. Das bedeutete Befreiung aus der Knechtschaft und Gängelung des Lebens durch jede Menge kirchlicher Vorschriften. Die Menschen ihres Heils gewiss zu machen und sie aus der ständigen Angst darum zu befreien, dies war das seelsorgerliche Anliegen von Luthers Rechtfertigungslehre.

Hier nun, in dieser Bußpraxis, haben die Gebote Gottes, oder was kirchlicherseits als solche ausgegeben wurde, den Charakter von *Forderungen*, von *Imperativen* oder *Sollensvorschriften*, deren Erfüllung oder Nichterfüllung über das eigene Seelenheil entscheidet, im Unterschied zu Weisungen bzw. Einweisungen ins Leben, wie ich dies soeben für Paulus verdeutlicht habe. Wenn Elizabeth Anscombe den Gebots- bzw. Pflichtcharakter der Moral und Ethik der Moderne auf das Christentum mit seiner Gesetzesethik zurückführt, dann trifft dies auf das Gesetzesverständnis zu, wie es für die spätmittelalterliche Bußpraxis charakteristisch war, auf die die Reformation reagiert.

In seiner Kritik an dieser Praxis hat Luther nicht nur dieses Verständnis der Gebote als Forderungen übernommen – nämlich als Forderungen, die den Menschen mit seinem Sündersein konfrontieren –, sondern er hat auch das instrumentelle Verständnis der menschlichen Werke übernommen, und das gibt seiner Rechtfertigungslehre ihre spezifische Zuspitzung. Während bei Paulus der Satz, dass die Gerechtigkeit vor Gott nicht aus den Werken des Gesetzes kommt, seine Begründung darin hat, dass aufgrund der menschlichen Sündhaftigkeit *faktisch* kein Mensch das Gesetz erfüllt und erfüllen kann, ist für Luther bereits der Versuch Sünde, Gerechtigkeit vor Gott durch Erfüllung des Gesetzes zu erlangen. Denn Luther denkt dies instrumentell, so als solle die Gerechtigkeit vor Gott durch die Erfüllung des Gesetzes wie der Zweck durch das Mittel bewirkt werden. Damit wird die Gerechtigkeit zu einem Werk des Menschen, statt sich allein der freien Gnade Gottes zu verdanken. Dieses Verständnis des Gesetzes, wie es im Begriff der *Werkgerechtigkeit* seinen Niederschlag gefunden hat, bestimmt nicht zuletzt Luthers Bild von den Juden und ihrem Thoragehorsam: Juden sind es, die vor Gott durch ihre Werke gerecht werden wollen und die deshalb die Erlösung durch Christus nicht annehmen. Der Antijudaismus vor allem des späten Luther hat hier seine Wurzeln, und Luthers Bild von den Juden und ihrer vermeintlichen Werkgerechtigkeit hat im Protestantismus bis in die Gegenwart nachgewirkt. Der religiöse Sinn der Thora, wie ihn Paulus vor Augen hatte, überhaupt der spirituelle Charakter des Thoragehorsams im Sinne des Gegenwärtigwerdens des Ewigen im Zeitlichen, des von Gott her kommenden Lebens in der täglichen Einhaltung der Gebote, bleibt hier unverstanden.

Meine These ist nun, dass die *Ethik Luthers* die Folge dieses instrumentellen Verständnisses der menschlichen Werke gewesen ist. Denn es ist nach dem Gesagten klar, dass bei diesem Verständnis die Gottesbeziehung von den Werken freigehalten werden muss und allein auf den Glauben an Christus gegründet bleiben muss. Was die Beziehung zu Gott betrifft, so können die Werke des Menschen nichts ausrichten, und mögen sie noch so gut sein. In seinem Sermon *Von den guten Werken* (vgl. Luther 2014b) von 1520 führt Luther aus, dass in dieser Hinsicht kein Werk größer oder kleiner, verdienstvoller oder weniger verdienstvoll ist als ein anderes, sondern dass hier alle Werke gleich seien, mögen wir essen, trinken, gehen, stehen, wallfahren oder Almosen geben. Damit entfällt Gott als Adressat der guten Werke des Menschen, der er in der spätmittelalterlichen Bußpraxis gewesen ist. Das Handeln des Christen wird frei für die Welt. Hier haben die Werke nun ihren Adressaten, nämlich im weltlichen Beruf des Christen, in der Sorge für die Familie, in der gewissenhaften Ausübung des Berufs, in der Wahrnehmung von Verantwortung für das politische Gemeinwesen und in der Förderung des allgemeinen Nutzens im Sinne eines „christlichen Utilitarismus", kurzum, in der „Bejahung des gewöhnlichen Lebens", wie der kanadische Philosoph Charles Taylor (1996, S. 373-535) es genannt hat, im Unterschied zum Streben nach einem höheren, einem heiligen Leben im Sinne der Zweistufenethik, die bis zur Reformation in Geltung stand. Über die gesellschaftliche, wirtschaftliche und politische Dynamik, die hierdurch freigesetzt worden ist, ist viel geschrieben worden. Erinnert sei an dieser Stelle nur an die These, die Max Weber (1988) in seiner Schrift *Die protestantische Ethik und der Geist des Kapitalismus* vertreten hat, wonach die protestantische Ethik, und zwar vor allem in ihrer reformierten, weniger in ihrer lutherischen Gestalt, aufgrund ihrer Verbindung von rastloser Arbeit und innerweltlicher Askese wegbereitend für die kapitalistische Wirtschaftsweise gewesen ist.

Dass freilich die protestantische Ethik sich solchermaßen hat durchsetzen können, dafür bedurfte es noch anderer Voraussetzungen als nur der Weichenstellungen durch die reformatorische Rechtfertigungslehre. Wie gesagt, hat bis zur Reformation Aristoteles bestimmenden Einfluss auf das ethische Denken gehabt. Dass seine ethische Konzeption ihre beherrschende Stellung in den von der Reformation erfassten Gebieten und Ländern verloren hat, das hat seinen Grund in dem *Exklusivanspruch*, den die Reformation für Gottes Wort und Gebot als alleinige Richtschnur christlichen Lebens und Handelns erhoben hat. *Sola scriptura*, lautete die reformatorische Forderung, allein die Schrift soll maßgebend sein in Fragen des Glaubens und der Lebensführung. Da ist kein Platz mehr für die dezidiert profane Ethik eines Philosophen wie Aristoteles, mag diese auch von noch so großer Weisheit zeugen. Hinzu kommt, dass die Reformation zugleich eine Bildungsbewegung gewesen ist, die dadurch motiviert war, dass jeder selbst die Heilige Schrift als Urkunde von Gottes Offenbarung lesen und sich ein eigenes Urteil bilden können sollte. Das Ziel war die Erziehung zum Selbstdenken und zur Mündigkeit in Fragen des Glaubens und Lebens. So hat die kirchlich beherrschte Erziehungs- und Bildungsarbeit in den von der Reformation erfassten Gebieten das ihre getan, jenem Exklusivanspruch zur Durchsetzung zu verhelfen. Dass dann aus alledem ein neuer Typus des philosophisch-ethischen Denkens, nämlich die *moderne Ethik*, hervorgegangen ist, das ist eine überaus komplexe Entwicklung gewesen, die sich über fast drei Jahrhunderte hinzog und bei der natürlich auch der Rationalisierungsschub im Zeitalter der Aufklärung eine wesentliche Rolle gespielt hat, dem die modernen ethischen Theorien ihre logisch stringente Gestalt verdanken.

Sucht man nach einer Definition für das, was der Ausdruck *moderne Ethik* bezeichnet, und zwar nach einer Definition, die die verschiedenen Varianten der modernen Ethik in Gestalt der Kantischen Ethik einerseits und des Utilitarismus andererseits gleichermaßen einschließt, dann könnte es die folgende sein, die sich in einem verbreiteten Lehrbuch der Ethik findet. Ethik ist danach das Nachdenken über Fragen der Moral, wobei „im Mittelpunkt der Moral [...] Urteile ‚stehen', durch die ein menschliches Handeln positiv oder negativ bewertet, gebilligt oder missbilligt wird" (Birnbacher 2003, S. 12). Deutlich ist in dieser Definition der Fokus der modernen Ethik beim menschlichen Handeln. Wie ich schon sagte, markiert dies den entscheidenden Unterschied zur antiken Ethik: Während der aristotelischen Ethik die Idee zugrunde liegt, dass das menschliche Zusammenleben seine Grundlage in den *Tugenden* hat – wenn alle gemäß den Tugenden leben, dann ist sowohl im Leben des einzelnen als auch im Gemeinwesen die *Eudaimonia* gegenwärtig –, liegt der modernen Ethik die Idee zugrunde, dass das menschliche Zusammenleben seine Grundlage in der Koordinierung der menschlichen *Handlungen* durch ihre moralische Normierung hat – wenn alle sich in ihrem Handeln nach den für alle geltenden Normen richten, dann ist für einen Zustand des verträglichen Zusammenlebens gesorgt –. Im Sinne einer solchen Koordinierung der Handlungen lassen sich sowohl der Kategorische Imperativ Kants als auch das utilitaristische Prinzip der Glücksmaximierung verstehen. Es muss hier nicht ausgeführt werden, wie viel wir dem ethischen Denken der Moderne verdanken. Ohne es gäbe es die Form des gesellschaftlichen und politischen Zusammenlebens nicht, die wir verinnerlicht haben und die wir alle schätzen.

4 Die Zivilreligion der Moral

Ich komme zum Ende meines Vortrags und will hier noch einmal auf die Gegenwart zu sprechen zu kommen, mit der ich meine Ausführungen begonnen habe. Die Frage liegt ja nahe: Welchen Nutzen haben solche historischen Erinnerungen, wie ich sie vorgetragen habe? Ist das nicht lediglich noch von historischem Interesse? Mag ja sein, dass durch die Reformation Weichen für das moderne ethische Denken gestellt worden sind. Doch hat sich das heutige ethische Denken nicht längst von diesen religiösen Ursprüngen emanzipiert? Werden die heutigen öffentlichen ethischen Debatten zu moralisch kontroversen Fragen nicht mit rein säkularen Argumenten geführt ohne jeden religiösen Bezug? Wozu also die Erinnerung an die religiösen Wurzeln des heutigen ethischen Denkens in Christentum und Reformation?

Meine abschließende These ist, dass uns diese religiösen Wurzeln weitaus näher sind, als dies allgemein bewusst ist, und dass von ihnen her Licht fällt auf die ethische Situation der Gegenwart. Ich will dies verdeutlichen an einer heute verbreiteten Definition von Ethik, wonach Ethik es mit *Normen und Werten* zu tun hat.

Was zunächst *moralische Normen* betrifft, so werden sie in der Regel als Gebote aufgefasst, die Handlungen bzw. Unterlassungen vorschreiben. Bekanntlich gibt es verschiedene Arten von Geboten, darunter solche, die keinerlei moralischen Charakter haben. Man denke etwa an eine Verkehrsregel. Das wirft die Frage auf, was ein Gebot zu einem moralischen Gebot macht. Der Begriff des Gebotenseins einer Handlung impliziert, dass es eine Instanz gibt, *durch die* die Handlung geboten ist. Bei einer Verkehrsregel ist das die Instanz, die Verkehrsregeln erlässt und überwacht. Spricht man von *moralischem* Gebotensein, dann ist dies mit der Vorstellung verbunden, dass dieses gebietende *etwas* die Moral ist.[3] Der Ausdruck *moralisch geboten* hat so begriffen die Bedeutung von *durch die Moral geboten*. Kant würde sagen: *durch das Sittengesetz geboten*. Das bedeutet, dass die Funktion, die in der religiösen Tradition Gottes Gebot gehabt hat, auf die Moral übergegangen ist, nämlich die Funktion einer verpflichtenden Letztinstanz in Bezug auf das menschliche Handeln und Unterlassen. An die Stelle des Glaubens an Gott als Gesetzgeber ist der Glaube an eine Instanz namens Moral getreten, die uns in Pflichten nimmt, und zwar mit einem letztgültigen Anspruch, der alle anderen Ansprüche übertrumpft, so, wie dies bei Gottes Gebot der Fall ist. In dieser Funktion als autoritative Letztinstanz in Fragen des Richtigen und Falschen, Gebotenen und Verbotenen wird die Moral in heutigen öffentlichen Debatten in Anspruch genommen, mag es um Sterbehilfe, um die Frage der Inklusion oder um die Aufnahme von Flüchtlingen gehen. Wie es in religiös geprägten Zeiten wichtig war, Gott auf seiner Seite zu haben, so ist es heute wichtig, die Moral auf seiner Seite zu haben. Man kann diesbezüglich von einer *Zivilreligion der Moral* sprechen, der entscheidende Bedeutung für den Zusammenhalt moderner Gesellschaften in normativen Fragen zukommt, nachdem unter den Bedingungen des weltanschau-

---

3   Das jedenfalls ist die Konsequenz bei einer Moralauffassung, die den deontischen Wertungsmodus, also Ausdrücke wie geboten, verboten oder erlaubt, als grundlegend für die Moral erachtet, wie dies für die moderne Ethik typisch ist. Hier bekommt der Ausdruck *moralisch geboten* die Bedeutung von *durch die Moral geboten*. Anders verhält es sich, wenn man den evaluativen Wertungsmodus, also Ausdrücke wie gut oder schlecht, als grundlegend für die Moral erachtet. Hier hat der Ausdruck *moralisch geboten* die Bedeutung von *um der Verwirklichung des moralisch Guten willen erfordert bzw. geboten* (vgl. zu diesen beiden Moralauffassungen Fischer 2017b, S. 9-25).

lichen Pluralismus die etablierten Religionen ihre Orientierungsfunktion in normativen Fragen weithin verloren haben.[4] Wie ich eingangs schon sagte, haben auch die Kirchen die Zivilreligion der Moral als eigenes Betätigungsfeld entdeckt, wenn sie sich selbst die Aufgabe zuschreiben, nicht etwa nur ihren eigenen Mitgliedern, sondern der Gesellschaft insgesamt moralische bzw. ethische Orientierung zu vermitteln. Wie der eingangs zitierte Paul Nolte zu Recht feststellt, gibt es dabei auf protestantischer Seite eine ausgeprägte Tendenz zur Moralisierung insbesondere der politischen Sphäre, bei der die politische Ethik der eigenen Tradition weithin in Vergessenheit geraten ist, die zwischen Moral und Politik sehr genau zu unterscheiden wusste (vgl. Fischer 2016c).

Was andererseits *Werte* betrifft, so wird auch ihnen eine zentrale Bedeutung für die soziale und politische Integration moderner Gesellschaften zugeschrieben. Zumeist sogar stehen sie im Vordergrund, wenn eine Gesellschaft sich darauf be-

---

4   In gewissem Sinne arbeitet sich die moderne Moralphilosophie daran ab, diesen quasi-religiösen Charakter der Moral durch Strategien zu ihrer rationalen Begründung zu unterlaufen. Eine Variante hierzu ist, moralische Normen kontraktualistisch als etwas aufzufassen, das menschliche Gemeinschaften sich selbst geben. Doch ist es leicht zu sehen, dass Regeln, die wir uns selbst geben, wie zum Beispiel die Regeln einer Hausordnung, keine moralische Bindungskraft haben. Der autoritative Anspruch, der moralischen Geboten eigentümlich ist – man denke etwa an das Gebot der Achtung der Menschenwürde –, beruht gerade darauf, dass es hier um etwas geht, das all unseren Entscheidungen und Setzungen verbindlich vorgegeben ist. Auch Versuche, diese Vorgegebenheit in der Form von Letztbegründungen von Normen sicherzustellen, führen hier zu keinem Erfolg. Denn dadurch, dass eine Norm letztbegründet wird, ist sie noch keine moralische Norm. Das liegt schon daran, dass die Regeln rationaler Argumentation lediglich das *Urteil* zur Pflicht machen können, dass die betreffende Handlung geboten ist, aber dass sie nicht die *Handlung* zur Pflicht machen. Daher können sie nicht den Platz der Moral als verpflichtender Instanz einnehmen. Aus dieser Einsicht ergeben sich nicht zuletzt Anfragen an Jürgen Habermas' Deutung des Prozesses der Modernisierung, wonach die sozialintegrative Funktion, die ursprünglich der Bereich des Sakralen mit seinen rituellen Praktiken gehabt hat, auf die intersubjektive Verständigung über normative Geltungsansprüche übergegangen ist. „Soweit der sakrale Bereich für die Gesellschaft konstitutiv gewesen ist", könne, so Habermas, „allein die zur Diskursethik entfaltete, kommunikativ verflüssigte Moral […] die Autorität des Heiligen substituieren." (Habermas 1995, S. 140). Dagegen ist zu sagen, dass sich diskursethisch vielleicht Normen begründen lassen, aber dass sich diskursethisch keine *moralischen* Normen generieren lassen. Wenn jemand einer diskursethisch begründeten Norm zuwiderhandelt, dann kann ihm lediglich vorgehalten werden, dass er sich unvernünftig oder irrational verhält, aber es kann daraus nicht abgeleitet und ihm vorgehalten werden, dass sein Handeln unmoralisch ist. Schon gar nicht lässt sich aus diskursethischen Regeln der autoritative Anspruch und die Absolutheit ableiten, die moralischen Geboten eigentümlich ist und in welcher sich die Absolutheit von Gottes Gebot unter nachaufklärerischen Bedingungen erhalten hat.

sinnt, was ihren Zusammenhalt konstituiert. Man besinnt sich auf die *gemeinsamen Werte*. Doch was sind Werte? Und inwiefern haben auch sie eine religiöse Dimension?

In der Rede von Werten kehrt unter nachaufklärerischen Bedingungen *das Ewige* wieder. Man erkennt dies daran, dass all das, was für Paulus Geist ist, im Wertediskurs zu Wert wird: Der Geist der Liebe wird zum Wert der Liebe, der Geist der Freiheit zum Wert der Freiheit usw. So wird in der Wertphilosophie Max Schelers die Liebe der höchsten Stufe der Werte, nämlich den Werten des Heiligen zugeordnet (vgl. Scheler 1960, S. 122ff.). Was Geist und Wert unterscheidet, sind die zugrunde liegenden Wirklichkeitsauffassungen, einerseits die präsenzorientierte der religiösen Tradition, andererseits die objektivierende der Moderne. Geht es im einen Fall um die Präsenz des Geistes der Liebe in der sinnenfälligen Präsenz eines entsprechenden Verhaltens, so im anderen um das In-Erscheinung-Treten des Wertes der Liebe als einer objektiven Realität in der empirischen Faktizität eines entsprechenden Verhaltens. Das eine wird erlebt, das andere beobachtet. Wie dabei das Geistige ewig, d.h. nicht der Zeit unterworfen ist, so gilt dies auch für Werte. Mögen sich die menschlichen Wert*vorstellungen* mit der Zeit verändern, die Werte selbst existieren jenseits der Zeit. Innerhalb der Wertphilosophie gibt es eine Debatte darüber, wie diese zeitlose Existenz von Werten philosophisch zu denken ist. Je nachdem, ob das Ewige Geist oder Wert ist, unterscheidet sich auch die Ethik. Geht es im einen Fall um eine ethische Praxis, die auf das Gegenwärtigwerden des Ewigen im Zeitlichen gerichtet ist, wie dies am religiösen Pazifismus illustriert wurde, so geht es im anderen Fall um ein moralisches Handeln, das auf die Verwirklichung von Werten in der Welt des Faktischen gerichtet ist.

Was mit alledem verdeutlicht werden soll, ist die Tatsache, dass das religiöse Wirklichkeitsverständnis dem heutigen ethischen Denken weitaus nähersteht, als es diesem selbst bewusst ist. Man kann sogar fragen, ob nicht überall da, wo heute von Werten gesprochen wird oder wo auf politischer Ebene Werte als das Verbindende und Identitätsstiftende einer Gesellschaft beschworen werden, eigentlich Geist gemeint ist, dies aber durch ein objektivierendes Denken verdeckt wird. Es ist ja nicht so, dass das, was das Wort *Geist* bezeichnet, uns, die wir heute leben, schlechterdings fremd ist. Wie für die Menschen früherer Zeiten gilt auch für uns, dass wir nicht bloß Beobachter, sondern Erlebende sind und dass es nicht die wissenschaftlich objektivierte Welt der Tatsachen, sondern dass es die in ihrer Präsenz erlebte und erlittene Wirklichkeit ist, in der sich unser Leben vollzieht und in der sich dessen Wohl und Wehe entscheidet. So können auch wir vom Geist einer Begegnung sprechen oder von dem Geist, der in einer Gemeinschaft von Menschen herrscht, und wir meinen damit etwas, das sich durch seine Präsenz bekundet. Wie die Menschen früherer Zeiten sind auch wir empfänglich dafür, ob eine Handlung freundlich oder unfreundlich, liebevoll oder lieblos, fürsorglich oder gleichgültig vollzogen wird. Das hat atmosphärische Auswirkungen auf die Person, der gegenüber die Handlung vollzogen wird, und auch hier geht es um Wirklichkeitspräsenz. Ganz praktisch findet das heute seinen Ausdruck in einem Konzept wie *Spiritual Care*, wie es in Pflege und Medizin praktiziert wird, bei dem dieser spirituellen Dimension menschlicher Existenz bei der Begleitung Kranker und Sterbender Rechnung getragen wird (vgl. Fischer 2017c). In ethischer Hinsicht ist dies alles andere als irrelevant oder gleichgültig.

Ich erwähne dies, weil an solchen Beispielen die Grenzen eines ethischen Denkens in den Blick kommen, das allein auf das menschliche Handeln fokussiert ist und das dabei den Geist, in dem Menschen handeln und den sie mit ihrem Handeln an andere weitergeben und in die Welt hinaustragen, völlig ausblendet. Dies führt noch einmal zurück zu der Frage, anhand deren ich den Unterschied zwischen Paulus und Luther erläutert habe, nämlich was im Leben eines Christen, man könnte verallgemeinern: was im Leben eines Menschen in ethischer Hinsicht letztlich zählt. Ist dies sein Handeln und das, was er mit ihm in der Welt bewirkt, im Guten wie im Bösen? Oder ist dies der Geist, von dem sich ein Mensch in seinem Fühlen und Denken bestimmen lässt und zu dessen Ausbreitung in der Welt er mit seinem Leben und Handeln beiträgt, im Guten wie im Bösen? In einer Zeit, in der die Beschwörung des Nationalen und Völkischen, die Ablehnung des Andersartigen und dumpfer Fremdenhass, aber auch ein religiös motivierter Fanatismus an Einfluss gewinnen und in der die Zukunft des menschlichen Zusammenlebens mit großer Ungewissheit behaftet ist, hat die zweite Antwort einiges für sich. Wie gesagt: Für Aristoteles hatte das menschliche Zusammenleben seine Grundlage in der Tugend. Für die Moderne besteht diese Grundlage in der Koordinierung des Handelns über seine moralische Normierung. Von der religiösen Tradition her legt sich eine dritte Antwort nahe, bei der man nicht religiös sein muss, um sie zu verstehen, nämlich, dass das menschliche Zusammenleben seine Grundlage in dem Geist hat, in welchem Menschen miteinander umgehen und der ein politisches Gemeinwesen prägt.

Nicht zuletzt ist dies eine Frage an die Kirchen, nämlich wofür sie letztlich stehen, ob für das moralisch Gute oder für den Geist, der es Menschen ermöglicht zu leben. Diese Frage stellt sich vor allem auch deshalb, weil wir heute, im Zeitalter der Globalisierung, stärker als frühere Zeiten mit den Grenzen und Aporien eines Denkens konfrontiert sind, das auf Weltgestaltung durch moralisches Handeln setzt. Hat sich doch durch die Globalisierung die moralische Verantwortung ins schier Grenzenlose erweitert. Wenn, wie Trutz Rendtorff (1982, S. 485) es ausdrückt, „die konkrete Bedürftigkeit, der Nutzen für die Nächsten" die Richtschnur der ethischen Praxis ist: Wie weit reicht dann der Horizont unserer Verantwortung in Anbetracht weltweiter Flüchtlingsnot und Armutsmigration? Dem Postulat eines „universellen humanitären Imperativs" (Bedford-Strohm 2015) im Sinne einer prinzipiellen moralischen Allzuständigkeit für das Elend der Welt steht die bittere Erkenntnis gegenüber, wie wenig das menschliche Handeln angesichts weltweiter Not und vor allem in Anbetracht der Realität des Bösen tatsächlich ausrichten kann. So schwankt das moralische Lebensgefühl zwischen Omnipotenzvorstellungen und Ohnmachtsdepression, und es hat das schlechte Gewissen zum ständigen Begleiter. Denn auch der Grundsatz, dass niemand über sein Können hinaus verpflichtet ist (*ultra posse nemo obligatur*), kann hier das Gewissen nicht erleichtern, sät er doch den ständigen Zweifel, ob man nicht immer noch mehr tun kann. Es ist derselbe Zweifel wie bei der spätmittelalterlichen Bußpraxis, nur, dass es hier keinen Ablass gibt. Eine Lebenseinstellung wie die des religiösen Pazifisten, wonach es nicht Aufgabe des Menschen ist, die Welt zu retten, sondern vielmehr menschliche Bestimmung ist, den Geist des Friedens, der Vernunft und der Liebe in die Welt zu tragen, eröffnet hier eine andere Perspektive. Diese Einstellung bedeutet ja nicht, dass man die Hände in den Schoss legt. Aber sie ermöglicht es, Grenzen zu akzeptieren aus der Einsicht heraus, dass nicht alles machbar ist durch menschliches Handeln.

Literatur

Anscombe, G.E.M. 1974. Moderne Moralphilosophie. In *Seminar: Sprache und Ethik. Zur Entwicklung der Metaethik*, hrsg. G. Grewendorf und G. Meggle, 217-243. Frankfurt a.M.: Suhrkamp.

Becker, Th. 2016. Deutsche Protestantische Republik. *Der Spiegel 48*: 140-145.

Bedford-Strohm, H. 2015. Verantwortung aus christlicher Gesinnung. http://www.faz.net/aktuell/politik/die-gegenwart/fluechtlingskrise-verantwortung-aus-christlicher-gesinnung-13951414.html/. Zugegriffen: 08. Februar 2017.

Birnbacher, D. 2003. *Analytische Einführung in die Ethik*. Berlin, New York: De Gruyter.

Dworkin, R. 2014. *Religion ohne Gott*. Frankfurt a.M.: Suhrkamp.

Echternach, H. 1972. Ewigkeit. In *Historisches Wörterbuch der Philosophie Bd.2*, hrsg. J. Ritter, 838-843. Darmstadt: Wissenschaftliche Buchgesellschaft.

Fischer, J. 2017a. Eudaimonia. Über die Möglichkeit und die Grenzen einer Tugendethik. http://profjohannesfischer.de/2016/02/16/eudaimonia-ueber-die-moeglichkeit-und-die-grenzen-einer-tugendethik/. Zugegriffen: 08. Februar 2017.

Fischer, J. 2017b. Das moralisch Richtige und das moralisch Gute. Über zwei gegensätzliche Auffassungen von Moral. *Zeitschrift für Evangelische Ethik 1*: 9-25.

Fischer, J. 2017c. Über die spirituelle Dimension der Medizin. In *Seelsorge und Spiritual Care in interkultureller Perspektive*, hrsg. I. Noth, E. Schweizer und G. Wenz, 39-56. Göttingen: Vandenhoeck & Ruprecht.

Fischer, J. 2016a. Kirche und Theologie als Moralagenturen der Gesellschaft. Acht Thesen zur Rolle der Moral in öffentlichen kirchlichen Stellungnahmen zu ethischen Fragen. *Evangelische Theologie 2*: 150-160.

Fischer, J. 2016b. Gefahr der Unduldsamkeit. Die „Öffentliche Theologie" der EKD ist problematisch. *zeitzeichen 5*: 43-45.

Fischer, J. 2016c. Politische Verantwortung aus christlicher Gesinnung? Über Gesinnungsethik, Verantwortungsethik und das Verhältnis von Moral und Politik. *Zeitschrift für evangelische Ethik 4*: 297-306.

Fischer, J. 2015. Der Verlust der Wirklichkeitspräsenz. Zu Ronald Dworkins „Religion ohne Gott". *Evangelische Theologie 2*: 120-134.

Habermas, J. 1995. *Theorie des kommunikativen Handelns, Bd. 2: Zur Kritik der funktionalistischen Vernunft*. Frankfurt a.M.: Suhrkamp.

Luther, M. 2014a. Von der Freiheit des Christenmenschen. In *Aufbruch der Reformation Schriften I*, hrsg. Th. Kaufmann, 311-332. Berlin: Verlag der Weltreligionen.

Luther, M. 2014b. Von den guten Werken. In *Aufbruch der Reformation Schriften I*, hrsg. Th. Kaufmann, 18-109. Berlin: Verlag der Weltreligionen.

Rendtorff, T. 1982. VII: Ethik der Neuzeit. In *Theologische Realenzyklopädie Bd. 10*, hrsg. G. Müller et al., 481-517. Berlin: De Gruyter.

Schäuble, W. 2016. Das Reformationsjubiläum 2017 und die Politik in Deutschland und Europa. *Pastoraltheologie 1*: 44-53.

Scheler, M. 1960. *Der Formalismus in der Ethik und die materiale Werteethik*, 5. Aufl. Bern: Francke.

Taylor, C. 1996. *Quellen des Selbst. Die Entstehung der neuzeitlichen Identität*. Frankfurt a.M.: Suhrkamp.

Weber, M. 1988. Die protestantische Ethik und der Geist des Kapitalismus. In Ders. *Gesammelte Aufsätze zur Religionssoziologie I*, 1-206. Tübingen: Mohr Siebeck.

Von Korruption, Berufsbildung, Demokratie, Banken- und Wissenschaftsethik

Ethik der Reformatoren und ihre weltweite aktuelle Bedeutung

Christoph Stückelberger

1 Einleitung: Vier Reformatoren-Ehepaare

Die Ethik der Reformatoren ist zweifellos ein Meilenstein in der Geistes-, Wirtschafts-, Politik- und Kulturgeschichte der Neuzeit. Dies nicht nur für Europa, sondern mit weltweiter Ausstrahlung. Dabei stehen fast durchweg die Reformatoren als Männer im Zentrum. Auch in diesem Beitrag mit Luther in Wittenberg, Zwingli in Zürich, Vadian in St. Gallen und Calvin in Genf. Doch ein wesentlicher Teil der Reformation als Revolution war die Neuordnung der Geschlechterbeziehung zumindest in der Kirche, indem die ehemaligen Priester wie Luther und Zwingli als protestantische Pfarrer nun heirateten und damit die Familie zentraler Teil des Wirkens der Reformatoren wurde. Erst in jüngerer Zeit mit dem Aufkommen der Genderfrage rücken die Frauen der Reformatoren stärker in den Blick. Dabei wird deutlich, dass sie mehr waren als Erzeugerinnen der Reformatoren-Kinder. Katharina von Bora, die Frau Luthers, wird nun als umfassende Managerin entdeckt (vgl. Dehnerdt 2017; Kaiser 2016)[1] und Anna Reinhard, die Frau von Zwingli, als tüchtige Mutter und Unterstützerin des Reformators (vgl. Sigrist 2017). Über die Frau Calvins Idelette de Bure ist relativ wenig bekannt (vgl. Braekman 2009), wie auch über die Frau von Vadian in St. Gallen, aber dessen Tochter Dorothea von Watt, verheiratet mit dem reichen und einflussreichen Kaufmann Laurenz Zollikofer, gehörte zu den reichsten St. Galler Personen. Sie baute mit ihrem Ehemann das Schloss Greifenstein bei Thal (vgl. Sonderegger 2014).

---

[1] Vgl. auch den Film über Katharina Luther der Regisseurin Julia Heinz (2017).

| Martin Luther | Katharina von Bora | Joachim von Watt | Dorothea von Watt |

| Ulrich Zwingli | Anna Reinhard | Johannes Calvin | Idelette de Bure |

Abbildung 1   Die Reformatoren-Ehepaare (Collage von Christoph Stückelberger)

2   Reformation als Weltrevolution

Luther strebte eine Reform der römisch-katholischen Kirche an. Was er und die anderen Reformatoren aber auslösten, war weit mehr als eine sanfte Erneuerung. Es war eine tiefgehende gesellschaftliche Umwälzung, eine Revolution mit mindestens so tiefen Veränderungen wie die Französische Revolution, und zwar mit weltweiten Auswirkungen, besonders bei Calvin. Deshalb sollten wir von der Reformation als Weltrevolution sprechen. Neun Dimensionen seien erwähnt:

1. Revolution des Glaubens: Mündigkeit
2. Revolution der Kirche: Dienst statt Macht
3. Revolution der Bildung: Bibel für alle
4. Revolution der Technologie: Wissenschaft zum Gotteslob
5. Revolution der Politik: Beginn der Gewaltentrennung
6. Revolution der Wirtschaft: Handwerk und Banken
7. Revolution der Demokratie: Bürgerbeteiligung durch Kirche von unten
8. Revolution der Kommunikation durch Medien: Buchdruck
9. Revolution der Ethik: Werte und Tugenden.

Freilich war die Reformation natürlich nicht ein isoliertes Phänomen und nicht jede erwähnte Umwälzung kann all den Reformatoren zugeschrieben werden: Renaissance, *Entdeckung* Südamerikas, stark wachsender Welthandel, neue Technologien wie Buchdruck waren Zeitfaktoren, die von den Reformatoren genutzt und durch ihre Offenheit für die Modernität für eine neue Werte- und Gesellschaftsordnung fruchtbar gemacht wurden. Im Folgenden sollen einzelne Aspekte besonders der Ethik dargelegt werden.

3   Revolution des Glaubens

Die Ethik der Reformatoren ist die Frucht ihres Glaubens und ihrer Theologie und kann nur daraus verstanden und erklärt werden. Sehr vereinfacht kann ihre Revolution des Glaubens wie folgt zusammengefasst werden:

3.1   Luther, Zwingli, Vadian, Calvin: Ihre Hauptfragen

Martin Luther, Wittenberg 1483-1546: *Wie erlange ich Gottes Gnade?* Wie kann ich als Sünder, der mit noch so gutem ethischem Verhalten der Sünde nicht entfliehen kann, vor Gott bestehen und gerettet werden? Ich kann es nicht mit Werken, sondern nur aus dem Glauben.

Abbildung 2   Martin Luther

Huldrych Zwingli, Zürich 1484-1531: *Wie gestalten wir eine freie und gerechte Gesellschaft/Nation?* Während bei Luther als erstem Reformator noch das Individuum im Vordergrund stand, ging es Zwingli von Anfang an um die Neuordnung der Gesellschaft der Schweiz/Eidgenossenschaft. Die weltliche Gerechtigkeit als Spiegel der göttlichen stand im Zentrum.

Abbildung 3   Huldrych Zwingli

Abbildung 4   Joachim von Watt
(Vadian)

Joachim von Watt/Vadian, St. Gallen 1484-1551:
Wie beschaffen wir Mehrheiten? Reformation durch Disputation und Diplomatie
Vadian, enger Freund und Mitstreiter von Zwingli, war nicht der Theologe, sondern der begnadete Diplomat, Vermittler und Moderator. Als Präsident der Zürcher Disputation 1523 und der Berner Disputation 1528 und Diplomat zwischen Kantonen. Reformation brauchte theologische und politische Mehrheiten.

Abbildung 5   Johannes Calvin

Johannes Calvin, Genf 1509-1564:
Wie Gott loben in all unserem Tun und unserer Ethik? Mit *Soli Deo Gloria* (Gott allein die Ehre) beschloss Calvin jedes Buch. Gott loben für seine Gnade, Vorsehung und Fürsorge soll in jeder Aktivität geschehen, in Familie, Beruf, Wissenschaft, Wirtschaft, Finanzwesen, Politik und Organisation der Kirche. *Work as worship*, Alltagstätigkeit als Gotteslob.

3.2   Der Glaube der Reformatoren

Bevor wir zu Beispielen reformatorischer Ethik vorstoßen, seien die Hauptpfeiler reformatorischen Glaubens mit dem dreifachen *sola* (allein) in Erinnerung gerufen:

1. *Sola Scriptura* (Allein die Schrift): Allein in der Bibel erkennt man Gottes Wahrheit, nicht in kirchlichen Erlassen und Traditionen oder gesellschaftlichen Bräuchen.
2. *Sola Gratia* (Allein die Gnade): Allein durch Gottes großartige Liebe (Gnade) erlangen wir Befreiung von Schuld, nicht durch gute Werke. *Befreit von der Sorge* um ewiges Leben sind wir frei und fähig, Gutes zu tun (Ethik, Diakonie), allein aus Dankbarkeit für Gottes Liebe.

3. *Soli Deo Gloria* (Allein zum Lob Gottes): Gottvertrauen (Vertrauen in Gottes Fürsorge, providentia) statt Vertrauen in Geld und Macht. Gottvertrauen macht frei zum Dienst an der Welt und Fürsorge für die Schöpfung.

4 Die soziale Revolution der Reformatoren. Fünf Beispiele

Auslöser reformatorischer Rebellion gegen die katholische Kirche waren ethische Missstände, insbesondere die Korruption, aber auch die Verflechtung von Kirche und Macht sowie die mangelnde Offenheit der katholischen Kirche gegenüber Wissenschaft und Forschung. Für die Herausforderungen der wirtschaftlichen und kosmopolitischen Entwicklungen der Neuzeit, wie der Boom des Welthandels mit der *Entdeckung* Südamerikas, dem Handel mit Indien, den neuen Kommunikationstechnologien und humanistischer Forschung schien die Reformation adäquatere Antworten zu geben als die katholische Kirche.

4.1 Luthers Kampf gegen Korruption und für Diakonie in der Kirche

Die berühmten 95 Thesen Martin Luthers, die als Auslöser der Reformation gelten, waren de facto Thesen gegen die Korruption in der Kirche. Luther geißelte den Ablasshandel sozusagen als Krebsgeschwür, was man heute als Abzockerei mit religiösen Argumenten bezeichnet würde. Das Heil und die Gnade Gottes sind nicht käuflich. Reformation war also von Anfang an nicht einfach eine abstrakte dogmatisch-theologische, sondern eine ethisch-kirchenpraktische Auseinandersetzung. Schauen wir uns nur drei der *95 Thesen* aus Luthers Antikorruptions-Manifest an:

> „21. Deshalb irren jene Ablassprediger, die sagen, durch die Ablässe des Papstes werde der Mensch von aller Strafe selig und frei."

> „28. Sicher ist, dass, wenn die Münze im Kasten klingt, Gewinn und Habgier zunehmen können; die Fürbitte der Kirche aber liegt allein im Ermessen Gottes."

> „43. Man muss die Christen lehren, dass dem Armen zu geben oder dem Bedürftigen zu leihen besser ist, als Ablass zu kaufen." (Luther 2014, S. 11, S. 13)

Kirchliche Korruption bestand nicht nur im direkten Ablasshandel, sondern damit verbunden war ein ganzes System wirtschaftlicher und kirchenpolitischer Verflechtungen. Der multinationale Konzern der Fugger war bis zur Reformation wohl der größte Konzern Europas. Der Handel von Rohwaren wie Kupfer aus Minen in Osteuropa, von Gütern aller Art und der ersten modernen Bank Europas, einschließlich eines umfassenden und sehr einträglichen Netzes von Geldwechselstuben verbunden mit dem Transfer der Ablassgelder in den Vatikan, machte das Handelshaus so mächtig. Luther wünschte die Fugger zum Teufel. Die *Fuggerei* wurde zum Inbegriff einer korrupten Wirtschaft (vgl. dazu Kapitel 4.4).

4.2   Zwinglis Arbeits- und Berufsethik

Die Arbeits- und Berufsethik der Reformatoren war wohl einer der wichtigsten ethischen Beiträge der Reformation zur Gesellschaft. Dabei ging es nicht um eine puritanistische oder arbeitswütige Arbeitsethik mit dem Hang zum Workaholic, wie es immer wieder dargestellt wird, sondern vielmehr um eine Um- und Aufwertung der Berufsarbeit: Vom alten Griechentum bis zum Mittelalter war die ständische Gesellschaft der Normalfall, mit einer klaren Werte-Hierarchie der Berufe (Stände), durchaus vergleichbar mit dem indisch-hinduistischen Kastensystem. Man wurde im Wesentlichen in einen Stand hineingeboren und sollte darin bleiben. Geistesarbeit wurde höher gewertet als Handarbeit, der Mönch höher als der Laie etc.

Die Reformatoren durchbrachen dies (auch wenn es bis zur Überwindung der Berufsstände, in Zürich organisiert in Zünften, noch viel Zeit brauchte): Alle Arbeit und Berufe sind vor Gott gleich würdig, sofern sie zum Gotteslob dienen. Entscheidend ist also nicht die Art der Arbeit, sondern dessen Ziel: zerstört es Leben oder heilt und fördert es Leben, dient es nur dem Eigenruhm oder dem Gotteslob.

Zwingli kämpfte scharf gegen den damals weit verbreiteten Söldnerdienst junger Schweizer, die als junge Arbeitslose von geschickten Händlern zum Abenteuer auf Schlachtfeldern fremder Herren rekrutiert wurden. Zwingli forderte die jungen Männer auf, statt in fremden Kriegsdiensten zu sterben, auf dem elterlichen Hof handwerklich und dem Land hart zu arbeiten, um ihr Leben zu verdienen. Zudem würden sie damit etwas übrig haben zum Spenden und für die Diakonie, also die Unterstützung armer Mitchristen und Mitbürgerinnen (Diakonie als untrennbarer Teil des Christseins wie bei Luther): „Unter Arbeit fasst Zwingli in erster Linie diejenigen Tätigkeiten zusammen, mit deren Hilfe sich der Mensch seine Existenzgrundlagen aneignet. Und das sind primär die Arbeiten des Bauers und des Handwerkers. Mit dieser bodenständigen Einschätzung schwamm Zwingli damals gegen den Geist seiner Zeit. Denn in der damaligen Zeit standen diejenigen in der gesellschaftlichen Hierarchie höher, die ihr Geld nicht mit den Händen verdienen mussten. Darin erkennt Zwingli eine gefährliche Entwicklung. Er bricht in dieser Sache eine Lanze vor allem für den Stand der Bauern." (Neugebauer 2017, S. 163)

Es ist kein Zufall, sondern eine bis heute enorm wichtige Wirkung der Reformation, dass Deutschland und die Schweiz mit dem *dualen Berufsbildungssystem*, das der handwerklichen Ausbildung ebenso großes Gewicht gibt wie der akademischen Ausbildung, eine der Grundlagen für das wirtschaftliche Erfolgsmodell der beiden Länder legte! Bildungspolitik wie Wirtschaftspolitik haben ihre Wurzeln in der Theologie: Der Zusage Gottes, dass alle Talente, die uns Gott gegeben hat, genutzt werden sollen und gleichwertig sind, solange sie dem Lob Gottes und der Dankbarkeit ihm gegenüber dienen.

4.3   Zwingli für die Selbstbestimmung des Volkes

Das gilt auch für die Mitbestimmung des Volkes. So sei als drittes Beispiel ethischer Wirkungen der Reformation die *Demokratieentwicklung* genannt. Dem Reformator Zwingli ging es nicht nur um die Erlösung des Einzelnen, sondern um die Transformation der Gesellschaft als Folge des neuen Glaubens.

Die neu erlangte *Mündigkeit* der protestantischen Christinnen und Christen hieß, selber die Bibel zu lesen in der eigenen Sprache. Das ist Empowerment, Freiheit und Schritt zur Mündigkeit. Daher der Freiheits-Slogan der reformierten Kirchen der Schweiz: *Reformiert = selber denken*. Kirche ist damit nicht von oben nach unten organisiert (Papst-Laie), sondern von unten nach oben (Gläubige-Präsident). *Kirchensynode statt Bischofsgewalt* war die revolutionäre kirchliche Neuerung. Diese strahlte dann Schritt für Schritt auf die Politik aus und war damit ein Wegbereiter für die moderne Demokratie: *Gesellschaft von unten nach oben*, Stärkung des Parlamentes, Verantwortung/Good Governance der Regierung gegenüber dem Volk. Zudem war die Tatsache, dass es nun protestantische und katholische Kantone in der Schweiz und Fürstentümer in Deutschland gab, in sich ein Schritt zur Pluralisierung der Gesellschaft. Es gab nun mit den zwei Konfessionen zwei kirchliche *Parteien* und bald eine Mehrzahl, auch wenn während der Reformation noch der Grundsatz *cuius regio, eius religio* galt (innerhalb eines Herrschaftsgebietes nur eine Konfession). Die Grundlage für den Pluralismus und die Demokratie war gelegt, auch wenn es bis zur vollen Gewaltenteilung und modernen Demokratie noch ein weiter Weg war.

4.4   Calvins Finanz- und Bankenethik

Calvins Finanz- und Bankenethik kann so zusammengefasst werden: Nein zum Zinsverbot. Nein zum Wucherzins. Ja zum fairen Zins, mit sieben restriktiven Regeln. Ja zur globalisierten Wirtschaft. Gottvertrauen statt Geldvertrauen und Gier (vgl. Stückelberger 2009, S. 53-70).

Europa erlebte insbesondere seit dem Ende des 15. Jahrhunderts ein bisher nicht gekanntes wirtschaftliches Wachstum großen Ausmaßes. Nach der Zeit der 25 Millionen(!) Pesttoten, gefolgt von Agrar- und Hungerkrisen folgte nun der Aufschwung: Renaissance und Humanismus setzten enorme geistige und wissenschaftliche Kräfte frei. Kopernikus veröffentlichte als Zeitgenosse Calvins 1543 das Hauptwerk seiner astronomischen Forschungen, die später als kopernikanische (Zeit-)Wende bezeichnet wird. Die Entdeckung Amerikas durch Columbus 1492 erfolgte nur 17 Jahre vor der Geburt Calvins, 1499 erreichte der Portugiese Vasco da Gama Indien, 1505 segelte der Tiroler Balthasar Springer mit Lizenz des portugiesischen Königs nach Indien und eröffnete zusammen mit anderen den Weg für den kommerziellen Indienhandel und Warenimporte nach Europa. Handel und Bankenwesen spielten für die wirtschaftliche Dynamik eine zentrale Rolle.

Nehmen wir pars pro toto die Fugger als Beispiel: *Der erste Kapitalist. Wie Jakob Fugger die Globalisierung erfand* prangte auf dem Titelblatt der Märzausgabe 2009 der Zeitschrift *National Geographic*. Das Handelshaus der Fugger mit Sitz in Augsburg wurde ab 1494 mit Jakob Fugger zum *global Player*, wie wir heute sagen würden (vgl. Häberlin 2006). Ein Netz ihrer Handelsbeziehungen überzog ganz Europa (wobei Genf in der Schnittstelle von Venedig nach London wie von Deutschland nach Lyon und Spanien lag), sie trieben Handel mit Indien und Südamerika. Drei Unternehmensbereiche standen im Zentrum: Produktion und Handel von Textilien mit Faktoreien besonders aus Mittel- und Nordeuropa, Bergbau (Gold, Silber, Kupfer, Eisen) besonders aus Österreich und Ungarn sowie der Aufbau eines modernen Bankwesens. Die Florentiner Bankier-Dynastie der de Medici, eng mit dem Papsttum verflochten (Papst Leo X. war ein Medici), wurde im 16. Jahrhundert durch das katholische und ebenfalls sehr papstnahe Bankhaus Fugger in der Führungsrolle abgelöst (1486 bezeichnete der Augsburger Rat die Firma der Fugger erstmals als Bank). Neben Boden und Arbeit wurde mobiles Geld (Kapital) im 16. Jahrhundert ein wesentlicher Produktionsfaktor. Der Fugger Konzern organisierte den Geldtransfer aus dem Ablass nach Rom wie auch den Pfründentransfer, mit dem sich Kardinäle, Bischöfe und Äbte die Ernennung zu diesen Würden beim Papst finanziell erkauften (heute bezeichnet man dies als Wahlkorruption, indem Stimmen mit Geld gekauft werden). Trotz katholischem offiziellem Zinsverbot kassierten die Fugger erhebliche Bankgebühren und wucherähnliche Wechselkursgewinne. Sie gerieten in das Schussfeld Luthers, der wetterte: „Man müsste wahrlich auch den Fuggern und dergleichen Gesellschaften einen Zaum ins Maul legen." (zit. nach Brunner 2009, S. 51) Der Nürnberger Reichstag begrenzte in der Folge 1522/1523 das Kapital von Handelsfirmen auf 50.000 Gulden und verbot fremde Einlagen. Die Fugger wurden wegen Monopolvergehen verklagt. Diese wiederum beklagten, das sei das Ende für die Großfirmen. Schon damals führten Gier und Missbräuche zu staatlichen regulierenden Eingriffen. Heute würde man Jakob Fugger einen *Oligarchen und Milliardär* nennen. Als Stifter und Mäzen finanzierte er auch soziale und kulturelle Einrichtungen in der deutschen Stadt Augsburg, dem Firmensitz. Er hinterließ bei seinem Tod 1525 den Erben ein auf heute umgerechnetes Vermögen von 400 bis 700 Millionen Schweizerfranken.

Folglich war nicht Calvin mit seiner Duldung von Zinsnehmen unter engen Restriktionen (siehe unten), sondern das korrupte Bankensystem der Fugger ein Element auf dem Weg zum modernen Kapitalismus.

Vor diesem Hintergrund wird deutlich, dass Calvin sicher nicht der Erfinder des Kapitalismus war. Er lebte vielmehr in einer Zeit der wild gewordenen Geldwirtschaft, aber auch des starken zusätzlichen Geldbedarfs für den weiteren Aufschwung der Wirtschaft. Die katholische Kirche war diskreditiert: einerseits durch ihr starres offizielles Festhalten am alttestamentlichen Zinsverbot, andererseits durch die Verwicklung in zahlreiche Skandale und einer Doppelmoral, indem Zinsnehmen offiziell verboten, aber faktisch toleriert und durch den Vatikan ausgenutzt wurde. Wucherzinsen waren in jener Zeit verbreitet und führten Kreditnehmer immer wieder in die Armut oder nicht aus ihr heraus.

Das offizielle, mit dem Alten Testament begründete und von der katholischen Kirche hochgehaltene Zinsverbot führte zu einer Doppelmoral und Schattenwirtschaft: Neben dem offiziellen Zinsverbot florierte das inoffizielle Wuchergeschäft mit horrend hohen Zinsen. Der Holzschnitt von 1522 (vgl. Abb. 6), also zur Zeit Calvins und er könnte durchaus auch auf Genf gezogen sein, zeigt den armen Bauern beim Wucherer, wo er für den Kleinkredit für sein Saatgut oder eine kleine Investition vom Wucherer ausgebeutet wird. Solche Missstände wollte Calvin mit seiner Zins- und Bankenethik überwinden helfen.

Abbildung 6 Johann Eckhardt 1522: «Hie kompt ein Beürlein zu einem reichen Burger von der güldt dem wucher», Speyer

Melanchthon hatte bereits vor Calvin das Zinsnehmen gutgeheißen. Calvin befürwortete einen Zins von maximal fünf Prozent. Er tat dies mit großer Zurückhaltung. Calvins Haltung zum Zins soll exemplarisch an seinem wichtigsten diesbezüglichen Text gezeigt werden, nämlich seinem Brief an einen Banquier.

Der Bankier Claude de Sachinus schrieb am 7. November 1545 an Calvin,[2] den er als Glaubensbruder (frère) bezeichnete, und bat ihn um seine Meinung zum Zinsnehmen. Zeitgenossen seien der Meinung, dass Zinsnehmen, sofern ehrlich, fair („une sorte d'usure honnête") und mit Maß („la juste ,proportion'") erhoben, auch christlich vertretbar sei. Für ihn (als der Reformation verpflichtet) sei aber allein die Heilige Schrift Maßstab, auch wenn sie allenfalls seinen eigenen Geschäftsinteressen zuwiderlaufe (vgl. Dommen 2003, S. 44).[3] Ein eindrückliches

---

2 *L'autorité des Saintes Ecritures a trop de valeur pour moi, pour que je me laisse détourner d'elle (même si elle affirme le contraire) par les préjugés des hommes, aussi savants soients-ils.* (lettre de Cl. De Sachin à J. Calvin, Calvinus Opera vol 12, col 210-211, Extrait du Cod Genev.109, fol 14), zit. nach Dommen 2003, S. 44.

3 Jean Calvin à l'un de ses amis (Calvin Opera Omnia, tome 10: 245-249), zit. nach Dommen 2003, S. 54-57.

Zeugnis eines christlichen Bankiers, der im Marktgeschehen nach der Orientierung des Evangeliums sucht!

Calvin seinerseits will in großer intellektueller Redlichkeit dem biblischen Text gerecht werden, der im Alten Testament ein Zinsverbot ausspricht, und sucht dieses nach den erwähnten Kriterien von Gottes gerechter Vorsorge, der christlichen Freiheit und dem dreifachen Gebrauch des Gesetzes für seine Zeit zu interpretieren. Er tat dies in einem ausführlichen Brief, der mit größter Wahrscheinlichkeit an den Bankier gerichtet war (vgl. Dommen 2003, S. 54-57; Bieler 1961, S. 456-461).[4]

Er legt dar, dass der Sinn des alttestamentlichen Zinsverbots darin liege, den Armen zu helfen, für die Zinszahlungen eine Existenzbedrohung sein könnten. Eigentlich würde er am liebsten das Geldleihen insgesamt verbannt wissen, da es zu oft missbraucht werde und er fürchte auch, dass wenn er sich zum Zins positiv äußere, sich Leute mehr erlauben würden, als er für recht befinde. Trotzdem könne Geld mit Zinsen auch dem Gemeinwohl dienen („utilité commune"). So spürt man Calvins Ringen um eine biblisch verantwortbare Antwort. Richtschnur könne dabei nicht eine einzelne Bibelstelle sein, sondern Gottes Geist und die *Regel der Gerechtigkeit* („règle d'équité"). Schließlich befürwortet er – vorsichtig – „quelques usures", ein gewisses Maß an Geldleihen mit Zinsen, fügt aber sogleich an: „Ich unterstütze nicht, wenn jemand vorschlägt, Gewinnerwirtschaftung aus dem Geldleihen zum Beruf zu machen. Zudem gestehe ich nichts zu, das nicht gewisse Regeln respektiert." (zit. nach Dommen 2003, S. 55) Er nennt sieben solche *exceptions* (einschränkende Regeln, Besonderheiten, Ausnahmen), die klar einzuhalten seien. Diese wollen wir nun einzeln ansehen, weil sie tiefen Einblick in Calvins Zins- und Bankenethik geben und heute als Kriterien für einen *fairen Zins* bezeichnet werden könnten.

Die Sieben Regeln (exceptions) des Zinsnehmens (vgl. Stückelberger 1990, S. 74f.; 2001, S. 170-171):

Die erste [exception] ist, dass man vom Armen keinen Zins verlangen darf, und dass niemand (zu einer Zinsleistung) gezwungen werde, wenn er sich in einer gänzlichen Notlage befindet oder von Unglück heimgesucht wird.

Auch Arme brauchen Kapital für ihren kleinen Handel oder den Aufbau des Geschäfts, aber sie sollen ihn als zinsloses Darlehen erhalten. Also keine Zinsen von den Armen. Kapitalrückzahlung ist nötig, aber ohne Zinsen im Fall einer extremen Not, da schon die Rückzahlung des Kapitals dann eine große Last ist. Gewinn darf nicht auf dem Rücken der Schwachen erwirtschaftet werden.

---

4   Der Brief wurde erstaunlicherweise erst 1565 veröffentlicht, zwanzig Jahre nach dem Verfassen!

Die zweite Regel ist, dass keiner, welcher ausleiht, weder so sehr auf Gewinn bedacht sein soll, dass er deswegen die nötigen Pflichten versäumt, noch, dass er, indem er sein Geld sicher anlegen will, seine armen Brüder missachtet.

Mit Pflichten ist die karitative Tätigkeit/Geldspende à fonds perdu für die Armen gemeint. Neben dem Investieren soll genug zum Spenden bleiben. Wiederum ist das Kriterium, dass der Graben zwischen Arm und Reich verkleinert wird. Es ist auch eine Regel gegen die Gier. „Man soll nicht überall, immer, alles und von allen nehmen" (Dommen 2003, S. 47), sagt Calvin in einem Kommentar zu Ez 18.

Die dritte Regel ist, dass man (bei einem Zinsdarlehen) nichts dazwischenkommen lasse, was nicht mit der natürlichen Gerechtigkeit in Einklang steht, und dass, wenn man die Sache nach der Regel Christi prüft, d.h. was ihr wollt, dass die Menschen euch tun etc., sie als allgemein gültig befunden werde.

Mit natürlicher Gerechtigkeit ist hier die Goldene Regel der Gegenseitigkeit angesprochen. Damit ist der usus politicus legis, der für das menschliche Zusammenleben vernünftige und nötige Gebrauch des Gesetzes im Sinne der menschlichen Gerechtigkeit gemeint.

Die vierte Regel ist, dass derjenige, welcher borgt, ebenso viel oder mehr Gewinn haben soll vom entliehenen Geld (als der Gläubiger).

Was der Schuldner mit dem geliehenen Kapital produktiv erwirtschaften kann, soll mindestens so viel Gewinn abwerfen wie der Zins für den Gläubiger. Wiederum ist die Orientierung am Wohl des Nächsten und die goldene Regel angesprochen. Aber darüber hinaus wird auch deutlich, dass Calvin das Zinsnehmen nur für Produktionskredite im Blick hatte. Konsumkredite lehnte er ab.

Fünftens, dass wir weder nach dem allgemeinen und hergebrachten Brauche (bezüglich dem Zins) beurteilen, was uns erlaubt ist, noch an der Ungerechtigkeit der Welt messen, was recht und billig ist, sondern, dass wir unser Verhalten aus dem Worte Gottes nehmen.

Nicht geschichtliche, wirtschaftliche, politische oder opportunistische Kriterien können die Richtschnur für das Zinsnehmen sein, sondern allein was Gottes Willen entspricht und seiner Ehre dient. Das auf Paulus zurückgehende reformatorische Anliegen, man müsse Gott mehr gehorchen als dem Menschen, spiegelt sich hier.

Sechstens, dass wir nicht nur den persönlichen Nutzen dessen in Betracht ziehen, mit dem wir zu tun haben, sondern dass wir auch beachten, was der Allgemeinheit nützlich ist. Denn es ist ganz offenkundig, dass der Zins, den der Kaufmann zahlt, eine allgemeine Leistung (pension publique) bedeutet. Man muss also wohl darauf bedacht sein, dass der Vertrag dem allgemeinen Wohl mehr nütze als schade.

Eine Handels- und Kapitalbeziehung betrifft nicht nur die zwei Vertragsparteien, sondern hat Auswirkungen auf die weitere Gesellschaft (ökonomische Externalitäten, makroökonomische Auswirkungen). Die gegenwärtige Wirtschaftskrise, aus einer Finanzkrise entstanden, macht dies mehr als deutlich. Hier wird die Gemeinwohlorientierung (common good, bien public) Calvins deutlich, wie sie seine ganze Ethik prägt. Trotz der Betonung des Individuums in der Reformation und im Humanismus, ist seine ganze Ethik gemeinschaftsorientiert. Das Handeln des Einzelnen muss die Wirkungen auf das Ganze mit bedenken.

Siebtens, dass man nicht das Maß überschreite, welches die Gesetze der Gegend oder des Ortes zubilligen, obgleich das nicht immer genügt, denn oft erlauben sie das, was sie nicht durch ein Gesetz ändern oder einschränken können. Man muss also einer Gerechtigkeit den Vorzug geben, welche beschneidet, was Zuviel sein wird.

Hier wird auf die öffentliche Ordnung Bezug genommen, die zu beachten ist, die aber, gemäß seiner fünften Regel, dem Worte Gottes untergeordnet und von ihm her kritisch zu hinterfragen ist. Unethisches Banking lässt sich auch nicht rechtfertigen mit Hinweis darauf, dass erlaubt sei, was das Gesetz nicht verbiete. Nein, das Gesetz kann nur das Minimum regeln. Der Gläubige mit seinem Gewissen muss – gut reformatorisch – darüber hinausgehen. Hier spricht Calvin den tertius usus legis, das Gesetz als Richtschnur und Ermutigung für den Glaubenden, an. Aus Gerechtigkeitsgründen kann eine Gewinnbegrenzung z.B. mit einer freiwilligen Begrenzung (Maßhalten!) oder Kapitalsteuer nötig sein.

So zeigt sich, dass Calvins Finanz- und Bankenethik auch heute noch von großer Aktualität ist. Zusammengefasst lassen sich sechs Dimensionen des Umgangs mit Geld benennen, ohne dass hier der Ort ist, dies näher auszuführen (ausführlich dazu Stückelberger 2016):

- Geld fair verdienen
- Mit Geld fair konsumieren
- Geld fair teilen/spenden
- Geld fair anlegen/investieren
- Geld fair versteuern
- Geld fair (ver-)erben.

4.5   Calvins Wissenschaftsethik

Wirtschaftliches Handeln ist bedingt durch komplexe Interaktionen zwischen kulturell-religiösen Werten, politischen Rahmenbedingungen und wissenschaftlich-technischen Errungenschaften. Calvin äußerte – stärker als die anderen Reformatoren – sein positives Verhältnis, ja seine „große Bewunderung" für Wissenschaft und Technik als Gaben Gottes, wie er sie in seinem Hauptwerk *Institutio* zum Ausdruck bringt: „Will uns also der Herr durch Hilfe und Dienst von Unfrommen in der Naturwissenschaft, in der Wissenschaft vom Denken oder der Mathematik oder sonstigen Wissenschaften Beistand schaffen, so sollen wir davon Gebrauch machen. Im andern Fall würden wir Gottes Gaben, die uns in ihnen von selbst dargeboten werden, verachten und mit Recht für unsere Trägheit gestraft werden." (Calvin 2007, II/2, S. 16)

Vielleicht in Anspielung auf die astronomischen Forschungen seines Zeitgenossen Kopernikus (Hauptwerk von 1543) schrieb Calvin 1559: „Es bedarf natürlich der Wissenschaft und genauer Arbeit, um die Bewegungen, Stellungen, Entfernungen und Eigenschaften der Gestirne festzustellen; und wie bei solcher Forschung Gottes Vorsehung klarer hervortritt, so ist es dabei umso mehr angemessen, den Geist emporzurichten, um seine Herrlichkeit zu schauen." (Calvin 2007, I/5, S. 2) Wissenschaft soll also wie alle menschliche Tätigkeit letztlich dem Gotteslob – Soli Deo Gloria – dienen. Calvins positive Haltung zu wissenschaftlicher Forschung war für die Wirtschaftsentwicklung der calvinistisch geprägten angelsächsischen Welt ebenso bedeutsam wie seine Haltung zu Zins und Kapital. Calvin lobte Astronomie, aber der protestantische Astronom Kepler hatte trotzdem Konflikte mit der Kirche.

Diese positive Haltung Calvins zur Naturwissenschaft steht im starken Gegensatz zur katholischen Kirche, die noch 1633, über 70 Jahre nach dem zitierten Text von Calvin, den Hausarrest für Galilei wegen Häresie verhängte, ähnlich auch gegen Giordano Bruno.

„Die Natur nutzen und ihren Schöpfer nicht anerkennen ist schändlicher Undank", warnt Calvin (1956, S. 6) gegen möglichen Missbrauch der Naturwissenschaft. Die ökologische Frage stellte sich ihm in der heutigen Schärfe natürlich nicht, aber die Grundlage für eine ökologische Wirtschaftsethik war bei ihm dadurch gelegt, dass Gottes Vorsehung und Gnade die ganze Schöpfung umfasst, indem Gott „alle Kreaturen in seiner Hand hält" (Calvin 1956, S. 6), wie sein Genfer Katechismus sagt. Die Gaben der Schöpfung gehören allen Lebewesen, den Menschen wie der nichtmenschlichen Kreatur.

Literatur

Biéler, A. 1961. *La pensée économique et sociale de Calvin.* Genève: Georg & Cie.

Braekman, E.M. 2009. *Idelette de Bure, épouse de Jean Calvin.* Lyon: édition Olivétan.

Brunner, E. 2009. Jakob der Reiche. Wie vor 500 Jahren ein Kaufmann aus Augsburg die Globalisierung erfand. *National Geographic* (Deutsche Ausgabe) März 2009: 27-51.

Calvin, J. 2007. *Unterricht in der christlichen Religion – Institutio Christianae Religionis,* hrsg. M. Freudenberg. Göttingen: Vandenhoeck & Ruprecht.

Calvin, J. 1956. *Auslegung der Genesis.* Übersetzt u. bearb. von W. Goeters und M. Simon. Neukirchen: Verlag des Erziehungsvereins.

Dehnerdt, E. 2017. *Katharina – Die starke Frau an Luthers Seite,* 3. Aufl. Gießen: Brunnen.

Dommen, E. 2003. Calvin et le prêt à intérêt. *Finance & bien commun/common good 16:* 42-58.

Häberlin, M. 2006. *Die Fugger. Geschichte einer Augsburger Familie (1367-1650).* Stuttgart: Kohlhammer.

Kaiser, M.R. 2016. *Katharina von Bora und Martin Luther. Vom Mädchen aus dem Kloster zur Frau des Reformators.* Freiburg i.Br.: Herder.

Luther, M. 2014. Disputation von der Kraft der Ablässe („95 Thesen"). In *Aufbruch der Reformation* Schriften I, hrsg. Th. Kaufmann, 9-17. Berlin: Verlag der Weltreligionen.

Neugebauer, M. 2017. *Ulrich Zwinglis Ethik. Stationen – Grundlagen – Konkretionen.* Zürich: TVZ.

Sigrist, Ch. 2017. *Anna Reinhard und Ulrich Zwingli. Von der Tochter eines Gastwirts zur Frau des Reformators.* Freiburg i.Br.: Herder.

Sonderegger, S. 2014. Vadian und die Lex Koller. St. Galler Tagblatt. https://stadtarchiv.ch/inhalt/Vadian_und_die_Lex_Koller_Tagblatt_SG_18.09.2014_34.pdf. Zugegriffen: 11. Juni 2017.

Stückelberger, Ch. 2016. *Global Ethics Applied Vol 1: Global Ethics, Economic Ethics.* Geneva: Globethics.net.

Stückelberger, Ch. 2009. No Interest from the Poor. Calvin's Economic and Banking Ethics. In *Calvin Global. How Faith Influences Societies,* ed. Ch. Stückelberger und R. Bernhardt, 53-70. Geneva: Globethics.net.

Stückelberger, Ch. 2001. *Ethischer Welthandel. Eine Übersicht.* Bern: Haupt Verlag.

Stückelberger, Ch. 1990. *Gerechter Preis?* Bern: Institut für Sozialethik SEK.

Bildnachweise
Abbildung 1 Collage von Christoph Stückelberger. Einzelnachweise:
Martin Luther © https://commons.wikimedia.org/wiki/File:Lucas_Cranach_d.%C3%84._ (Werkst.)_-_Portr%C3%A4t_des_Martin_Luther_(Lutherhaus_Wittenberg).jpg
Katharina von Bora © https://commons.wikimedia.org/wiki/Katharina_von_Bora#/media/ File:Katharina-v-Bora-1526.jpg
Joachim von Watt (Vadian) © https://commons.wikimedia.org/wiki/File:Vadian_-_001.png
Dorothea von Watt © Privatbesitz, mit freundlicher Genehmigung der Familie Zollikofer.
Ulrich Zwingli © https://commons.wikimedia.org/wiki/Ulrich_Zwingli#/media/File:Ulrich-Zwingli-1.jpg

Anna Reinhard © https://de.wikipedia.org/wiki/Anna_Reinhart#/media/File:Zentralbibliothek_Z%C3%BCrich_-_Portr%C3%A4t_von_Regula_GwaltherZwingli_und_Anna_Gwalther_-_500000029.jpg

Johannes Calvin © https://commons.wikimedia.org/wiki/Jean_Calvin#/media/File:John_Calvin_by_Holbein.png

Idelette de Bure © https://commons.wikimedia.org/w/index.php?search=Idelette+de+Bure&title=Special:Search&go=Go&searchToken=32fhj26t359r11er2xfkgej28#/media/File:Idelette_de_Bure.jpg

Abbildung 2 Martin Luther © https://commons.wikimedia.org/wiki/File:Lucas_Cranach_d.%C3%84._(Werkst.)_-_Portr%C3%A4t_des_Martin_Luther_(Lutherhaus_Wittenberg).jpg

Abbildung 3 Huldrych Zwingli © https://commons.wikimedia.org/wiki/Ulrich_Zwingli#/media/File:Ulrich-Zwingli-1.jpg

Abbildung 4 Joachim von Watt (Vadian) © https://commons.wikimedia.org/wiki/File:Vadian_-_001.png

Abbildung 5 Johannes Calvin © https://commons.wikimedia.org/wiki/Jean_Calvin#/media/File:John_Calvin_by_Holbein.png

Abbildung 6 Johann Eckhardt 1522: «Hie kompt ein Beürlein zu einem reichen Burger von der güldt dem wucher», Speyer © Universitäts- und Landesbibliothek Sachsen-Anhalt, urn:nbn:de:gbv:3:1-255304

Die Frage nach dem gelingenden Leben

Tugendethik und Religion

Martin Kolmar

---

1 Einleitung

„Die letzte der menschlichen Freiheiten besteht in der Wahl der Einstellung zu den Dingen."

Viktor Frankl

Es ist ja eigentlich verblüffend: Wir leben zumindest in der *westlichen* Welt im Prinzip in materiellem Überfluss (auch wenn Fragen nach der gerechten Verteilung gestellt werden können und müssen), und gleichzeitig haben viele Menschen das Gefühl, dass es ihnen nicht gut gehe, dass sie durch die Anforderungen des modernen Kapitalismus zunehmend überfordert sind (vgl. Bowles 2016; Layard 2005; Verhaege 2013) und nicht mehr auf dem *Fahrersitz* ihres Lebens sitzen, sondern von äußeren Umständen getrieben werden (vgl. Sennett 1998; Tan Chen 2015). Psychische Krankheiten wie Depression oder Burnout (vgl. Ehrenberg 2008), unterschiedlichste Facetten von Suchtverhalten aber auch physische Krankheiten wie Adipositas (vgl. Lewis 2016; Lieberman 2013) lassen es als möglich erscheinen, dass es nur unzureichend gelingt, unsere technologischen Möglichkeiten so zu nutzen, dass unsere Leben gelingen.

Die Ursachen für diese Phänomene sind vielfältig und komplex, und man muss sich vor Vereinfachungen hüten, will man sie zu einer Deutung der Verfasstheit unserer gesellschaftlichen Gegenwart verdichten. Gleichwohl geht es ohne solche Deutungsversuche mit begrenzter Reichweite nicht. Ich werde daher als Element

einer solchen Deutung dem Gedanken nachgehen, dass ein wichtiger Baustein zur
Erklärung der genannten Symptome in den Narrationen eines gelingenden Lebens
zu finden ist, welche für unsere Gesellschaften prägend sind und die ihren Ursprung
in der Europäischen Aufklärung haben (und die selbst wiederum durch andere
Prozesse vorbereitet wurden) (vgl. Taylor 2007; Siedentop 2014; Smith 2014). Da
gesellschaftliche und gedankliche Revolutionen Leben und Denken eher disruptiv
und nicht optimierend verändern, wurde zu dieser Zeit mit der Entstehung des
säkularen Staats auch das traditionell tugendethische Denken über das gelingende
Leben durch den modernen Subjektivismus abgelöst (vgl. Siedentop 2014). Die
auf Aristoteles zurückgehende, in seine Tugendethik integrierte Vorstellung einer
Zweckbestimmung, eines *Telos* des Menschen, bot die Möglichkeit, die bestehen-
de feudal-klerikale Ordnung narrativ zu stützen, indem sie jedem Menschen den
durch sein *Telos* zugeordneten Platz zuwies. Eine Überwindung der feudal-klerikalen Ordnung zugunsten des modernen liberal-demokratischen Staats führte
dazu, dass der Telos-Gedanke zugunsten einer weitreichenden Gleichheitsvorstel-
lung ersetzt wurde, und damit zugleich auch die anderen Elemente tugendethischer
Vorstellungen zu den Voraussetzungen eines gelingenden Lebens an Popularität
verloren (vgl. Siedentop 2014).

An seine Stelle trat die moderne Vorstellung des Subjektivismus bzw. Relativismus, wonach jeder seines eigenen Glückes Schmied ist, sich selbst frei er-
finden kann und alle Vorstellungen über Werte und ein gelingendes Leben im
Wesentlichen gleichrangig nebeneinander existieren und von jedem Menschen
selbst geschaffen werden müssen (vgl. Bowles 2016; Siedentop 2014; Taylor 2007).
Wirtschaftliches und gesellschaftliches Handeln wird somit zum Ausdruck von
Präferenzen, und das gelingende Leben besteht darin, eine maximale Präferenz-
befriedigung anzustreben.

Charles Taylor (2007) hat darauf hingewiesen, dass die mit einer solchen säkularen Kultur einhergehende Immanenz zu einer Leere im Zentrum des individuellen Daseins führt, da sie nur Antworten auf Wie-, nicht aber auf Warum-Fragen
geben kann; es ist die Herrschaft der Zweckrationalität, die Wertefragen als durch
die Präferenzen der Individuen bereits beantwortet betrachtet. Diese Vorstellung
basiert aber nach Taylor auf einer falschen anthropologischen Prämisse, und er
führt den Begriff des Nova-Effekts zur Beschreibung der Kräfte ein, den die Leere im Zentrum der eigenen Existenz in einer säkularen Gesellschaft entfaltet: auf
der Suche nach Antworten auf die sich stellenden Warum-Fragen sucht der moderne Mensch nach immer neuen Antworten, die von Karriere und Konsum über
Esoterik und Bunjee-Jumping bis hin zu politischem und religiösem Extremismus
reichen. Hier sieht er die moderne Gesellschaft an einer Wegkreuzung, an der drei
Richtungen eingeschlagen werden können, eine Anerkennung des Bedürfnisses

nach Transzendenz und eine Form der aufgeklärten Religiosität, eine Form des *zynischen Moralismus* als durch Experten verwaltete Sozialtechnologie oder eine Form des Antihumanismus, bei dem das Individuum sich den Sinnfragen durch die Unterwerfung unter einen Gruppenwillen im Kampf gegen andere Gruppen entledigt.

2 Verhalten, Wahrnehmung, und Lebenszufriedenheit aus Sicht der Evolutionsbiologie, Psychologie und Neurowissenschaft

Die Diagnose, dass der säkularen Moderne eine Dynamik innewohnt, die dem einzelnen Menschen zu schaffen macht, ist nicht neu. Schon Adam Smith und später dann Karl Marx wiesen darauf hin, dass der Prozess der Arbeitsteilung das Potenzial zur Entfremdung böte, so dass der Preis der verbesserten Güterversorgung in der durch Spezialisierung erzwungenen mangelnden Entwicklung des menschlichen Potenzials liege (vgl. Drosos 1996). Auch die Frankfurter Schule sah in den totalitären Exzessen der Weltkriege letztlich einen Ausdruck einer auf reine Zweckrationalität beschränkten Aufklärung, die die innere Leere nur immer effizienter verwalten kann, ohne sie je zu füllen (vgl. Walton 2017).

Letztlich steht im Zentrum all dieser Hypothesen aber das im- oder explizit hinterlegte Menschenbild. Ein säkularer Subjektivismus und Relativismus wird nur insofern zu einem Problem, als die sich aus ihm ergebenden gesellschaftlichen und ökonomischen Schlussfolgerungen mit den *wahren* Bedürfnissen der Menschen in Konflikt kommen. Dies wird implizit sowohl bei Taylor, Smith, Marx und der Frankfurter Schule unterstellt. Können wir dazu mehr sagen, indem wir einen systematischen Blick auf die Forschung werfen? Aufschlussreich hierzu sind die Evolutionsbiologie, Anthropologie, Neurowissenschaft, Psychologie und Narratologie, die stark verkürzt und vereinfacht ungefähr das nun vorgestellte Bild zeichnen.

Menschen scheinen, wie dies Philosophen ausdrücken, naive Realisten zu sein (vgl. Liberman et al. 2011). Sie nehmen die Welt, wie sie ihnen unmittelbar erscheint, als wirklich an und hinterfragen nicht die Bedingtheit ihrer Welterfahrung. Dabei ist ihre affektive und narrative Welterfahrung alles andere als objektiv und unveränderlich. Vielmehr ist es so, dass der Mensch aus einer evolutionsbiologischen Perspektive ein ausgesprochen adaptives Wesen ist, und die Adaptionsfähigkeit erstreckt sich auf das affektive ebenso wie auf das narrative Erleben der Wirklichkeit (vgl. Baron 2007; Carey 2011; Clark 2016; Mark et al. 2010; Mesquita 2003; Sapolsky 2005; Yehuda et al. 2016). Innerhalb der Spanne eines Lebens kommt es zu Anpassungen auf der epigenetischen, der affektiven und der kognitiven Ebene, die zusammen das ergeben, was die Wirklichkeitswahrnehmung eines Menschen zu einem bestimmten Zeitpunkt und sein *Ich* ausmacht (vgl. Damasio 1994, 2010; Graziano 2013; Leary 2003; Le Doux 2002, 2015; Lewis 2016; Moore 2015; Öhmann und Wiens 2003; Petty et al. 2003; Rolls 2014; Schultz 2006). Unsere Vergangenheit und die Gesellschaft, in der wir leben, haben einen wesentlichen Einfluss auf unser affektives Erleben und die Geschichten, die wir uns über uns selbst und die Welt erzählen. Über die Zeit graben sich unsere Erfahrungen tief in uns ein, wir entwickeln Gewohnheiten und Vorlieben, die alle Bereiche unseres Daseins betreffen. Sie reichen von den Speisen, Kleidung, Wohnungseinrichtung etc., die wir mögen, bis hin zu den Welterklärungsmodellen, mit denen wir uns im Alltag zurechtzufinden versuchen. Bruner (2004, S. 11ff.) formuliert dies wie folgt: *„In the end, we become the autobiographical narratives by which we 'tell about' our lives. And given the cultural shaping to which I referred, we also become variants of the cultures canonical forms."*

Dabei steht auch bei diesen Welterklärungsmodellen zunächst einmal nicht die *Richtigkeit* oder *Falschheit* im Zentrum, sondern wie sie unser Handeln beeinflussen und welche Effekte dies auf den Erfolg des Handelns hat (vgl. Baron 2007; Dennett 1986, 1991; McAdams 2006, 2008; Michaels 1991; Nisbett 1991; Prakash et al. 2016; Sacks 1985). Unsere Wahrnehmung und unser Handeln ist daher untrennbar von den Erfahrungen abhängig, die wir machen, aber diese können wir bis zu einem gewissen Punkt selbst wählen und damit die Person beeinflussen, die wir später sein werden. In dem Maße, in dem wir das dynamische Wesen unserer Persönlichkeit verstehen, versetzten wir uns in die Lage zu entscheiden, welche Erfahrungen wir machen möchten, um uns zu der Person zu entwickeln, die wir sein möchten.

Dies setzt aber voraus, dass wir zwischen besseren und schlechteren Persönlichkeitsmerkmalen, Denkmustern und Gewohnheiten unterscheiden können. In der Evolutionsbiologie hat man den Begriff *Mismatch* geprägt (vgl. Lieberman 2013). Er bezeichnet eine Verhaltensdisposition, die schlecht auf die Umwelt, in der ein Organismus lebt, angepasst ist. Das Konzept des *Mismatches* wird zunehmend auch auf menschliche Verhaltensweisen angewendet, und es gibt viele mögliche Ursachen dafür, dass ein Mismatch existiert. Ernährungsgewohnheiten führen dazu, dass man die Dinge, die man regelmäßig isst, auch zu mögen lernt. Dabei ist es weitgehend unerheblich, ob die Gewohnheiten langfristig gesund oder ungesund sind. Dieser Effekt wird, wie im Fall von Zucker, noch verstärkt, wenn ein Verlangen nach diesen Dingen sehr tief in unser affektives System eingeschrieben ist, durch technologischen Fortschritt dieser Mangel für viele Menschen aber nicht mehr existiert: Unser affektives Belohnungssystem reagiert auf mehr Zucker, da dies in evolutionärer Zeit sinnvoll war. Heute aber gilt dies nicht mehr, wir haben vielmehr einen Mangel an Mangel. So führt eine ungesunde Ernährung langfristig dazu, dass wir mit ihr positive Gefühle verbinden, sie wird Teil von dem, was wir sind (vgl. Lieberman 2013). Erst langfristig, wenn gesundheitliche Probleme auftreten, wird deutlich, wie schwierig es ist, diese Gewohnheiten zu ändern und zu überwinden.

Dies gilt nicht nur für die Ernährung, sondern gilt ganz allgemein für alle Bereiche dessen, was wir unsere Persönlichkeit, unsere Vorlieben und unsere Modelle von uns selbst und der Welt halten. *Mismatches* sind dabei besonders gut im klinischen Kontext der Medizin erforscht, doch ist der Übergang von in diesem Sinne relevanten zu irrelevanten *Mismatches* ein gradueller. Ein Beispiel zur Verdeutlichung ist das Phänomen des Traumas. Bei einer Traumatisierung lernt das emotionale System sehr schnell, indem es mit bestimmten situativen Elementen stark negative Emotionen assoziiert und speichert (vgl. van der Kolk 2014). Dies hat eine gute evolutionäre Erklärung: wenn man die traumatisierende Situation überlebt, sorgen die negativen affektiven Erinnerungen dafür, dass man in der Zukunft ähnliche Situationen meidet. Bei einer posttraumatischen Störung kommt es gewissermaßen zu einer Störung des Mechanismus, der – falls unbehandelt – ein *normales* Leben für die Betroffenen unmöglich macht. Die Assoziation von negativen Emotionen mit bestimmten Umweltreizen ist daher ein wichtiger Überlebensmechanismus, der aber immer dann zum Problem wird, wenn die negativ assoziierten Umweltreize in der Zukunft gar kein Gefahrenpotenzial bieten. Und das Umgekehrte gilt für positive Emotionen, die mit bestimmten Umweltreizen verbunden werden.

Nun könnte man denken, dass die hier geschilderten Probleme auf den Bereich des affektiven Erlebens beschränkt sind und dass wir ja über unsere Fähigkeit zum rationalen Denken als Korrektiv verfügen. Und dies ist unter bestimmten Voraussetzungen auch richtig. Gleichzeitig gilt aber hier, dass das primäre Ziel der Welterklärungsmodelle nicht empirische Akkuratesse ist. Vielmehr scheint es so zu sein, dass unser Bewusstsein ständig Geschichten und Geschichtchen ersinnt, die sich zu mehr oder weniger kohärenten Narrativen verbinden. Unter dem Begriff der Konfabulation versteht man die Tendenz, mehr oder weniger beliebige Erklärungen für alles Mögliche zu ersinnen, die wir dann für die Wahrheit halten (vgl. Hirstein 2005). Dies hat weitreichende Folgen. So konfrontierten Forscher Teilnehmende an einem Experiment mit Aussagen zu Konflikten, Immigration, staatlicher Überwachung usw., zu denen sie ihren Grad an Übereinstimmung angeben mussten (vgl. Hall et al. 2012). Eine solche Aussage war *„Das gewalttätige Vorgehen Israels im Konflikt mit der Hamas ist trotz der zivilen Toten unter den Palästinensern moralisch rechtfertigbar."* Eine umgekehrte Aussage erklärte das

Vorgehen für moralisch nicht zu rechtfertigen. Die Teilnehmenden mussten sich einer Position anschließen und diese dann laut vorlesen. Ohne dass sie es merkten, wurden dann ihre Antworten ausgetauscht, und im weiteren Verlauf des Experiments mussten sie ihre (nun ausgetauschten) Antworten rechtfertigen. 69 Prozent der Teilnehmenden entdeckten eine solche Veränderung nicht, sondern begründeten bereitwillig eine Meinung, die sie gar nicht vertreten hatten. Unsere Umwelt setzt der Tendenz zur Konfabulation nur dann enge Grenzen, wenn eine falsche Erklärung zu einer Handlung führt, die unmittelbare negative Folgen nach sich zieht. Dies ist aber oft nicht der Fall.

Der Prozess der Habitualisierung findet statt, ob wir dies wollen oder nicht. In ihm zeigt sich die Art und Weise, wie wir uns in eine Umwelt einpassen. Auch wenn wir aufgrund der Plastizität unserer Gehirne alte Gewohnheiten ändern können, ist dies doch nur begrenzt und mit mehr oder weniger großem Aufwand möglich (vgl. Kessler 2016). Dies mag auch erklären, warum gerade in modernen Gesellschaften alte Menschen in einem zunehmenden Zustand der Entfremdung von ihrer gesellschaftlichen Umwelt leben (vgl. Marinova 2013; Palermo 2001): durch die hohe Dynamik gesellschaftlichen Wandels passen ihre Erlebniswesen und Erklärungsmodelle immer weniger auf die sich stetig verändernde Welt, in der älter werdende Menschen leben.

3   Aber das wissen wir doch schon: Tugendethik

Was wir in den vergangenen Jahrzehnten aus der Forschung zur Evolutionsbiologie, Psychologie, Neurowissenschaft und Narratologie gelernt haben, erzeugt ein Bild des Menschen, welches gar nicht neu ist. Im Gegenteil hat es eine hohe Anschlussfähigkeit an die Vorstellungen eines gelingenden Lebens, wie wir sie in den zahlreichen Tugendethiken, die in den *westlichen* ebenso wie in den *östlichen* Philosophien entwickelt wurden. Dazu zählen neben den westlichen Traditionen des z.B. Stoizismus und der Aristotelischen Tugendethik (und mittelalterliche christliche Vorstellungen des gelingenden Lebens bei z.B. Thomas von Aquin) u.a. auch der Buddhismus, die yogischen Traditionen des Hinduismus und der Taoismus (vgl. Batchelor 2015; Flanagan 2011; Goleman 1988; Haidt 2007; Slingerland 2014). Unabhängig vom zeitlichen und kulturellen Kontext, in dem diese Lehren entstanden sind, eint sie die Vorstellung, dass sich die Persönlichkeit eines Menschen in der Interaktion mit seiner Umwelt entwickelt und dass es gute und weniger gute Entwicklungen zu einer Persönlichkeit gibt, so dass man sein Handeln und seine Erfahrungen – soweit dies die Umstände erlauben – klug wählen sollte, damit die strukturellen Voraussetzungen dafür geschaffen werden, dass das Leben gelingen kann.

Dieser Gedanke soll am Beispiel der Aristotelischen Tugendethik verdeutlicht werden, gilt aber prinzipiell für alle Tugendethiken in ähnlicher Weise. Zentrale Begriffe bei Aristoteles sind *Eudaimonie, Phronesis* und *Akrasia*, Glückseligkeit, praktische Klugheit und Willensschwäche. Die Vorstellung ist, dass jeder Mensch *Eudaimonie* erlangen will, er dazu aber bestimmte Charaktereigenschaften bzw. Tugenden entwickeln muss. Diese dynamische Perspektive auf die Persönlichkeit zeigt sich in dem folgenden Zitat: *„Lange, glaube mir, Freund, muss dauern die Übung; sie wird dann sich als die zweite Natur der Menschen am Ende erweisen. [...] Denn was einem zur Gewohnheit geworden ist, macht einem hernach keine Beschwerde mehr.“* (Aristoteles 2010, Kap. 153, S. 229). Die Persönlichkeit, der Charakter, die Empfindungen und Wahrnehmungen einer Person werden demnach durch Erfahrungen geformt, und dieser Prozess kann zum Teil bewusst beeinflusst werden. Nicht alle Charaktereigenschaften sind dabei einem gelingenden (*eudaimonen*) Leben in gleichem Maße zuträglich. Charaktereigenschaften unterscheiden sich nicht prinzipiell von anderen Fähigkeiten wie die Beherrschung eines Musikinstruments oder eines Sports. Ziel ist, Wollen und (klug gewähltes) Sollen zur Deckung zu bringen, so dass der Mensch hinsichtlich seiner Ziele, Empfindungen und Überzeugungen im Reinen mit sich ist (vgl. Annas 2011). Dabei zeichnen sich Tugendethiken durch Skepsis gegenüber rein theoretischer Reflexion und Betonung der Lebenspraxis aus, derer man sich zunehmend gewachsen zeigen sollte (*Phronesis*). Dies spiegelt die oben unter dem Stichwort der Konfabulation erörterte Skepsis gegenüber den Narrativen wider, die der Welterklärung dienen, so dass ein nichtnarrativer Zugang zur Selbstwahrnehmung gesucht wird.

Was sich der Kultivierung eines gelingenden Lebens entgegenstellen kann ist zum einen ein Mangel an Wissen über die dynamische Natur der eigenen Persönlichkeit und dem Unterschied zwischen guten und schlechten Gewohnheiten sowie *Akrasia*, Willensschwäche.

Eudaimonie ist dabei kein Zustand, den man am Ende erreicht, sondern er zeigt sich in einer bestimmten Einstellung dem Leben gegenüber (vgl. Flanagan 2011); eine *eudaimone* Person zeichnet sich durch die Selbstbestimmtheit ihres Lebens aus, sie ist nicht länger *Sklave ihrer Leidenschaften*. Eine starke Behauptung der Tugendethiken ist, dass mit zunehmender *Phronesis* und *Eudaimonie* auch gesellschaftliche Konflikte an Wichtigkeit verlieren, weil bewusst wird, dass das, was man sich selbst schuldet und das, was man anderen schuldet, weitgehend identisch ist: der Ungerechte kann kein *eudaimones* Leben führen. Interessanter Weise wird einer *eudaimonen* Person, also einer Person, die in vollständiger Übereinstimmung mit sich selbst tugendhaft handelt, auch eine bestimmte ästhetische Qualität zugeschrieben. Bei Kant ist die Person, die aus Neigung das Rechte tut, nicht moralisch sondern schön, und im Toaismus spricht man davon, dass eine solche Person *De*, Charisma, habe (vgl. Naess 1993; Slingerland 2014).

4   Und nun?

Aber an diesem Punkt sind wir zurück am Beginn dieses Textes. Wir hatten argumentiert, dass einer der Gründe, warum tugendethische Vorstellungen vom gelingenden Leben mit der europäischen Aufklärung aus der Mode kamen, in der hinterlegten Vorstellung eines *Telos*, einer Zweckbestimmung des Daseins begründet war (vgl. Siedentop 2014). Mit diesem Element lässt sich die wichtige Frage nach der Unterscheidung zwischen gelingendem und nichtgelingendem Leben, zwischen guten und schlechten Gewohnheiten und Charaktereigenschaften beantworten: das gelingende Leben ist das Leben gemäß des eigenen *Telos*, und durch ihn definieren sich auch die ihm gemäßen Charaktereigenschaften. Neben den epistemologischen Problemen, die eine solche Vorstellung mit sich bringt, verleitet sie dazu, sie als Legitimation von feudalen und klerikalen Privilegien heranzuziehen. Mit der Überwindung des feudal-klerikalen Gesellschaftsmodells wurde daher gewissermaßen das Kind mit dem Badewasser ausgegossen: An die Stelle von *Telos* und Tugend trat Freiheit und Relativismus.

Aus heutiger Perspektive stellt sich aber die Frage, ob es der Koppelung zwischen *Telos* und Habitualisierungsethik – und nichts anderes ist eine Tugendethik in ihrer Essenz – notwendig bedarf oder ob es möglich ist, zwischen klugen und unklugen Lebensentwürfen zu unterscheiden, ohne gleich den Preis der Akzeptanz einer wie auch immer begründeten Zweckbestimmung des Daseins bezahlen zu müssen. Dabei hilft der Begriff des *Mismatches* aus der Evolutionsbiologie nicht weiter, da er sich dort allein auf Überlebenswahrscheinlichkeit des Gens bezieht, was als normatives Fundament für die Frage nach dem gelingenden Leben ungeeignet ist. Gleichzeitig lässt sich die Idee vor dem Hintergrund der Frage, was dem guten Leben denn strukturell zuträglich ist und was nicht, durchaus nutzbar machen: *Mismatches* sind dann Verhaltensdispositionen, die im Widerspruch zu diesen strukturellen Voraussetzungen stehen. Aber wie erlangt man in einer subjektivistischen Gesellschaft Einigkeit über eben diese Voraussetzungen?

Vielleicht, in dem man umgekehrt die Frage stellt, ob man den Preis bereit ist zu zahlen, der zu entrichten ist, wenn man vernachlässigt, dass eine solche Unterscheidung zwischen einer klugen und einer weniger klugen Lebensführung möglich ist. Das menschliche Gehirn habitualisiert alles und immer (vgl. Duhigg 2013; Lewis 2016). Die Frage ist daher nicht, ob oder ob nicht eine Persönlichkeitsentwicklung stattfindet, sondern vielmehr, wer bei dieser die entscheidenden Impulse setzt und wem wir hinsichtlich der Frage vertrauen, welches Leben ein gutes ist. Der moderne Subjektivismus und Relativismus basiert auf den Prämissen, dass man auf die Frage nach dem guten Leben keine allgemeinverbindlichen Antworten geben kann und dass der Mensch gewissermaßen schon als fertiges Wesen mit klaren Präferenzen und Interessen agiert. Dies lenkt davon ab, dass er diese erst durch die Erfahrungen und Erfahrungskontexte, in die er sich begibt, bildet. Die Vermittlung von Selbst-Narrativen durch Werbung und Medien, die reflexive Anwendung der Marktlogik auf die eigene Person (als Humankapital, welches sich als *Persona* erfindet und vermarktet), und die Arbeitswelt bilden den Kontext, in dem man durch seine Wahlhandlungen und Entscheidungen nicht einfach seine Präferenzen zum Ausdruck bringt, sondern diese erst – zusammen mit einer affektiven und narrativen Wirklichkeit – entwickelt. Ob die dabei auf den Einzelnen einwirkenden Kräfte gute Voraussetzungen für das Gelingen des Lebens bieten, kann hinterfragt werden, setzt es doch die Überzeugung voraus, dass z.B. bei der Gestaltung von Werbebotschaften, Filmplots und Nachrichten sich das Profitinteresse des Anbieters in das Wohl des Einzelnen übersetzt. Die ökonomische Forschung bietet zur Beantwortung dieser Frage keine Hinweise, da sie von der Hypothese feststehender, sich bloß artikulierender Interessen ausgeht. Und das Bild der psychologischen Forschung weist eher in Richtung eines Interessengegensatzes zwischen kommerziellen Interessen und individueller Persönlichkeitsentwicklung. Klassische Studien untersuchten z.B. den Einfluss von medial vermittelten Körper- und Geschlechterbildern auf das Konsumverhalten und die Zufriedenheit von hauptsächlich Frauen (vgl. Arnett 1995; Spettigue und Henderson 2004; Kilbourne 1994; Levant et al. 2015; Stice und Shaw 1994; Thomsen et al. 2001; Utter et al. 2003). Das Muster einer marktwirtschaftlichen Ordnung wird dabei in dem Maße augenfällig, in dem man bereit ist, die Idee der sich im Markt artikulierenden, bereits existierenden Interessen fallenzulassen. Was sichtbar wird, ist die Trias der Vermarktbarkeit von Gütern: Zuerst muss der Konsument als Mängelwesen narrativ und affektiv erzeugt werden (*„ich bin nicht schön"*), dann muss ein glaubwürdiges Versprechen mit einem Produkt verbunden werden, diesen Mangel zumindest temporär zu überwinden (*„mit diesem Produkt wirst Du schöner"*), woran anschließend ein neuer Mangel narrativ und affektiv erzeugt werden muss, womit sich der Kreis schließt. Hier wird die von Taylor (2007) postulierte Leere im Zentrum des Daseins zur Antriebskraft der kapitalistischen Wachstumsdynamik, auch wenn das Versprechen der Überwindung des Mangels nie in Erfüllung gehen darf und kann: *„It is in its nature that the object as such is lost. It will never be found again. Something is there while one waits for something better, or worse, but which one wants."* (Lacan 1992, S. 52). Die Versuche, mit denen die Leere gefüllt werden sollen, werden zu Signifikanten dieser.

Mit zunehmendem Wissen über die neurobiologischen, narrativen und psychologischen Gesetzmäßigkeiten der Habitualisierung erreichen wir derzeit ein neues
Abstraktionsniveau bei der Gestaltung von Verlangen, welches sich insbesondere
in den Designs von *Smartphone-Apps* etc. zeigt (vgl. Alter 2017; Eyal 2014). Der
auf ein Produkt habitualisierte Mensch ist das Ideal für jedes Unternehmen, weil
er die Kundenbindung zum Teil von sich aus gemacht hat. Ein erfolgreiches *App*
etabliert eine Gewohnheit, indem es einen sogenannten *Habit-Cycle* schafft, der
über die Zeit ein emotionales Reaktionsmuster im Gehirn der Nutzer verankert
(vgl. Alter 2017; Duhigg 2013; Lewis 2016). Man spricht auch von *Habit-For-
ming-Technologies*, und der Preis, den die Nutzer zahlen, besteht in der knappen
Ressource Willensstärke, mit der sie gegen ihre eigenen Gewohnheiten angehen
müssen. Dies ist ein ungleicher Kampf zwischen individueller Willensstärke und
Technologien, die explizit dafür entwickelt wurden, diesen Willen zu umgehen
und unser Verlangen zu habitualisieren. Wir wissen, dass ein Teil der Zeit, die
wir im Internet verbringen, unproduktiv und unbefriedigend ist und dass sich die
entwickelnden Affektmuster und Erklärungsmuster nicht mit der *Realität* decken,
sondern sowohl affektiv als auch kognitiv negativ für uns sind, und können es doch
nicht ohne weiteres ändern.

Was wir hier beobachten, ist das Gegenteil der tugendethischen Idee der Selbstbestimmtheit des Willens: (junge) Menschen, die sich oft den langfristigen Kon-
sequenzen ihres Handelns für ihre Persönlichkeit nicht bewusst sind, entwickeln
Gewohnheiten, die den kommerziellen Interessen der Anbieter von Produkten ent-
sprechen, nicht aber dem Ideal eines gelingenden Lebens. Ob wir es wollen oder
nicht, die Entwicklung von Vorstellungen über ein gelingendes Leben auch ohne
die normative Kraft einer Epistemologie und Ontologie, die Werten einen objektiven Status zuweist, einer Tugendethik ohne Telos, erscheint aus dieser Perspektive
unumgänglich.

Es sprengt den Rahmen dieses Beitrags, einen solchen Entwurf in der notwendigen Detailliertheit auch nur anzudeuten doch ist es klar, dass es kein Zurück
hinter die Aufklärung geben kann (und sollte). Vielmehr kann der Weg nur dahin
gehen, im Bewusstsein der Relativität und zeitlich-kulturellen Bedingtheit sowie
der Fallibilität der entwickelten Positionen Prozesse der Einigung über die strukturellen Voraussetzungen gelingenden Lebens zu bestimmen, die die im Zentrum
stehende Frage nach dem *Warum?* nicht ausklammert, sondern integral einbezieht
(vgl. Beschorner und Kolmar 2017). In den modernen Versionen westlicher Tugendethiken, wie sie sich z.B. bei Hursthouse (2016) oder Annas (2011) finden,
wird genau dies versucht.

Die mit dem Übergang von einer religiösen zu einer säkularen Gesellschaft
entstandene Leere verschwindet nicht einfach, wenn man sie ignoriert. Das gelin-

gende Leben definiert sich immer vor dem Hintergrund der jeweiligen Antworten auf die Warum-Fragen, auf das, was in den Worten Tillichs (1961, S. 9) jeden von uns *"unmittelbar angeht"*. Stimmen die Diagnosen Taylors und der Frankfurter Schule, ist das Risiko, welchem wir uns durch eine Vernachlässigung dieser Fragen aussetzen, nicht nur ein individuelles, sondern auch ein kollektives. Vor dem Hintergrund dieser Deutung werden die gegenwärtigen Entwicklungen zu Fundamentalismus, Wir-gegen-Die-Narrativen und Populismen lesbar als ein nächster, zum Scheitern verurteilter Versuch der Überwindung der Leere des *Ich* durch das kollektivistische Wir. Das 20. Jahrhundert bietet genügend Anschauungsmaterial für die Risiken solcher Versuche.

5   Nachwort: Tugendethik und Luther?

Die theologisch geschulte Leserin mag sich wundern, was ein Text zum gelingenden Leben und zur Tugendethik in einem Buch, welches im Kontext des 500. Jahrestages der Reformation erscheint, zu suchen hat. Ist nicht das gelingende Leben einzig Konsequenz der *Gnade*, und hat nicht gerade der Protestantismus ein Problem damit, der individuellen Moral und der Charakterbildung einen systematischen Ort in ihrer Lehre zu geben?

Dies ist nicht der geeignete Ort, tiefer in das Verhältnis von Tugendethik und Protestantismus einzusteigen (vgl. Biermann 2015 für einen umfassenden Versuch), daher sollen einige wenige Sätze genügen. Luther selbst war oft vage hinsichtlich der anthropologischen Prämissen, die jeder Ethik hinterlegt sein müssen. Dadurch entstehen Ambiguitäten hinsichtlich zentraler Konzepte wie *Gnade, Glaube, Wille* und *Intellekt* und einer unklaren Handlungstheorie (vgl. Klink 2014). Allerdings ist klar, dass nach protestantischer Lehre ein Zustand der *Gnade* als der vollkommenen Tugendhaftigkeit nahestehendes Konzept nicht allein durch die Anstrengungen des Einzelnen erlangt werden kann: *"[T]he belief that freedom came not from the believer's subjectivity but from the Holy Spirit means that at least one important part of the capacity for action always remains external to an agent, which is not in accord with other accounts of virtue that stress the need to form and own one's self"* (Klink 2014). Gleichzeitig findet sich die Überzeugung, dass Wissen und Verständnis (des Katechismus) allein als motivationale Faktoren für moralisches Verhalten ausreichen, so dass eine Verankerung durch Habitualisierung nicht notwendig erscheint (vgl. Klink 2014). Und doch lehrt die Lebenspraxis, dass *coram mundo* Wissen und Handeln nicht Hand in Hand gehen müssen. Hieraus ergibt sich die Möglichkeit einer bescheidenen Position zur Rolle der Persönlichkeits- und Charakterbildung: auch wenn nach protestantischer

Auffassung die Erreichung perfekter Tugendhaftigkeit jedenfalls *coram deo*, wenn nicht *coram mundo* außerhalb der Reichweite des Menschen liegt, ist die Arbeit an der (moralischen) Persönlichkeit doch nicht irrelevant. Wissen ist immer auch verkörpertes Wissen, und man verkürzt den Wissensbegriff, wenn man ihn allein intellektuell-kognitivistisch fasst. Biermann (2015, S. 199) kommt daher zu der folgenden Schlussfolgerung: *„Faithful churches cultivate character."*

Literatur

Alter, A. 2017. *Irresistible: The Rise of Addictive Technology and the Business of Keeping Us Hooked*. New York: Penguin Press.

Annas, J. 2011. *Intelligent Virtue*. Oxford: Oxford University Press.

Aristoteles 2010. *Nikomachische Ethik*. Stuttgart: Reclam.

Arnett, J.J. 1995. Adolescent's use of media for self-socialization. *Journal of Youth and Adolescence 24* (5): 511-518.

Baron, J. 2007. *Thinking and deciding*, 4th ed. Cambridge: Cambridge University Press.

Batchelor, S. 2015. *After Buddhism: Rethinking the Dharma for a Secular Age*. New Haven: Yale University Press.

Beschorner, T. und M. Kolmar. 2017. *Embodied Culture: Towards a Normative Theory of Cultural Practices*. University of St. Gallen Working Paper.

Biermann, J.D. 2014. *A Case for Character: Toward a Lutheran Virtue Ethics*. Minneapolis: Fortress Press.

Bowles, S. 2016. *The Moral Economy: Why Good Incentives Are No Substitute for Good Citizens*. New Haven: Yale University Press.

Bruner, J. 2004. Life as Narrative. *Social research 71*: 691-710.

Carey, N. 2011. *The Epigenetics Revolution*. London: Icon Books.

Clark, A. 2016. *Surfing Uncertainty: Prediction, Action, and the Embodied Mind*. Oxford: Oxford University Press.

Damasio, A. 2010. *A Self comes to Mind: Constructing the Conscious Brain*. New York: Pantheon Books.

Damasio, A. 1994. *Descartes' Error: Emotion, Reason and the Human Brain*. New York: Random House.

Damasio, A., Damasio, H., und Tranel, D. 2013. The Nature of Feelings: Evolutionary and Neurobiological Origins. *Nature Reviews Neuroscience 14*: 143-152.

Dennett, D. 1991. *Consciousness Explained*, New York: Back Bay Books.

Dennett, D. 1986. The Self as a Center of Narrative Gravity. *Philosophia 15*: 275-88.

Drosos, D.G. 1996. Adam Smith and Karl Marx: Alienation in Market Society. *History of Economic Ideas 4*: 325-351.

Duhigg, C. 2013. *The Habit Cycle*. New York: Random House.

Ehrenberg, A. 2008. *Das erschöpfte Selbst. Depression und Gesellschaft in der Gegenwart*. Aus dem Französischen von Manuela Lenzen und Martin Klaus. Frankfurt a.M.: Suhrkamp.

Eyal, N. 2014. *Hooked: How to Build Habit-Forming Products*. New York: Penguin.

Flanagan, O. 2011. *The Bodhisattva's Brain*. Cambridge (Mass.): MIT Press.

Goleman, D. 1988. *The meditative Mind: The Varieties of Meditative Experience*. New York: Penguin Books.

Graziano, M.S.A. (2013). *Consciousness and the Social Brain*. Oxford: Oxford University Press.

Haidt, J. 2007. *The Happiness Hypothesis*. New York: Vintage Books.

Hall, L., Johansson, P., und Strandberg T. 2012. Lifting the Veil of Morality: Choice Blindness and Attitude Reversals on a Self-Transforming Survey. *PLoS ONE 7* (9): e45457. https://doi.org/10.1371/journal.pone.0045457.

Hirstein, W. 2005. *Brain Fiction: Self-Deception and the Riddle of Confabulation*. Cambridge (Mass.): MIT Press.

Hoffman, D.D., Singh, M., und Prakash, Ch. 2015. The Interface Theory of Perception. *Psychon Bull Rev. 22*: 1480–1506.

Hursthouse, R. 2016. Virtue Ethics. The Stanford Encyclopedia of Philosophy. https://plato.stanford.edu/entries/ethics-virtue/. Zugegriffen: 12. Juni 2017.

Kessler, D.A. 2016. *Capture: Unraveling the Mystery of Mental suffering*. New York: Harper Collins Publishers.

Kilbourne J. 1994. Still Killing us Softly: Advertising and the Obsession with Thinness. In *Feminist Perspectives on Eating Disorders*, ed. P. Fallon, M. Katzman, und S. Wooley, 395-419. New York: The Guilford Press.

Klink, A. 2014. Joel D. Biermann. A Case for Character: Toward a Lutheran Virtue Ethics, Journal of Lutheran Ethics, Online Book Review, https://www.elca.org/JLE/Articles/1042. Zugegriffen: 12. Juni 2017.

Layard, R. 2005. *Happiness: Lessons from a New Science*. New York: Penguin Press.

Leary, M.R. 2003. The Self and Emotion: The Role of Self-Reflection in the Generation and Regulation of Affective Experience. In *Handbook of Affective Sciences*, ed. R.J. Davidson, K.R. Scherer, und H.H. Goldsmith. Oxford: Oxford University Press.

LeDoux, J. 2015. *Anxious: the Modern Mind in the Age of Anxiety*. London: Oneworld Publications.

LeDoux, J. 2002. *Synaptic Self: How our Brains Become who We are*. New York: Penguin Press.

Levant, R.F., Parent, M.C., McCurdy, E.R., und Bradstreet, T.C. 2015. Moderated Mediation of the Relationships between Masculinity Ideology, Outcome Expectations, and Energy Drink Use. *Health Psychology 34* (11).

Lacan, J. 1992. *The Ethics of Psychoanalysis 1959-1960 – The Seminar of Jacques Lacan – Book VII*. New York: W.W. Norton & Company.

Lewis, M. 2016. *The Biology of Desire*. Melbourne: Scribe Publications.

Liberman, V., Minson, J.A., Bryan, C.J., und Ross, L. 2011. Naïve realism and capturing the "wisdom of dyads". *Journal of Experimental Social Psychology 48*: 507-512.

Lieberman, D.E. 2013. *The Story of the Human Body: Evolution, Health and Disease*. New York: Pantheon Press.

Marinova, D. 2013. Cultural Alienation in the Ageing Person, *Psychological Thought 6* (2).

Mark, J.T., Marion, B.B., und Hoffman, D.D. 2010. Natural selection and veridical perceptions. *Journal of Theoretical Biology 266* (4): 504-515.

McAdams, D.P. 2008. Personal Narratives and the Life Story. In *Handbook of Personality: Theory and Research*, ed. O.P. John, R.W. Robins, und L.A. Pervin. New York: Wilford Press.

McAdams, D.P. 2006. *The Redemptive Self: Stories Americans live by*. Oxford: Oxford University Press.

Mesquita, B. 2003. Emotions as Dynamic Cultural Phenomena. In *Handbook of Affective Sciences*, ed. R.J. Davidson, K.R. Scherer, und H.H. Goldsmith. Oxford: Oxford University Press.

Michaels, S. 1991. The Dismantling of Narrative. In *Developing Narrative Structures*, ed. A. McCabe und C. Peterson. Milton Park: Erlbaum.

Moore, D.S. 2015. *The Developing Genome*. Oxford: Oxford University Press.

Naess, A. 1993. Beautiful Action. Its Function in the Ecological Crisis. *Environmental 2* (1): 67-71.

Nisbett, R.E. 1991. *The Geography of Thought*. London: Nicolas Brealey Publishing.

Öhmann, A. und Wiens, S. 2003. On the Automaticity of Automatic Responses in Emotion: An Evolutionary Perspective. In *Handbook of Affective Sciences*, ed. R.J. Davidson, K.R. Scherer, und H.H. Goldsmith. Oxford: Oxford University Press.

Palermo, G.B. 2001. The Affective Alienation of the Elderly. In *Aging: Culture, Health, and Social Change*, ed. D.N. Weisstub, D.C. Thomasma, S. Gauthier, und G.F. Tomossy. Heidelberg: Springer.

Petty, R.E., Fabrigar, L.R. und Wegener, D.T. 2003. Emotional Factors in Attitudes and Persuasion. In *Handbook of Affective Sciences*, ed. R.J. Davidson, K.R. Scherer, und H.H. Goldsmith. Oxford: Oxford University Press.

Rolls, E.T. 2014. *Emotion and Decision-Making Explained*. Oxford: Oxford University Press.

Sacks, O. 1985. *The Man Who Mistook His Wife for a Hat and Other Clinical Tales*. New York: Summit Books.

Sapolsky, R. 2005. *Monkeyluv: And Other Essays on Our Lives as Animals*. New York: Scribner.

Schrödinger, E. 2015 [1967]. *What Is Life? Mind and Matter*. Cambridge: Cambridge University Press.

Schultz, W. 2006. Behavioral Theories and the Neurophysiology of Reward. *Annual Review of Psychology 57*: 87-115.

Sennett, R. 1998. *Der flexible Mensch. Die Kultur des neuen Kapitalismus*. Berlin: Berlin Verlag.

Siedentop, L. 2014. *Inventing the Individual: The Origins of western Liberalism*. New York: Penguin Books.

Slingerland, E. 2014. *Trying Not to Try: The Art and Science of Spontaneity*. New York: Crown.

Smith, L.K.A. 2014. *How (Not) to Be Secular: Reading Charles Taylor*. Grand Rapids: Eerdmans.

Spettigue, W. und Henderson, K.A. 2004. Eating Disorders and the Role of the Media. *Canadian Child Adolescence Psychiatric Review 13* (1): 16-19.

Stice, E., Schupak-Neuberg, E., Shaw, H.E., und Stein, R.I. 1994. Relation of media exposure to eating disorder symptomatology: An examination of mediating mechanisms. *Journal of Abnormal Psychology 103* (4): 836-840.

Stice, E. und Shaw, H. 1994. Adverse effects of the media portrayed thin-ideal on women and linkages to bulimic symptomatology. *Journal of Social and Clinical Psychology 13* (3): 288-308.

Tan Chen, V. 2015. *Cut Loose: Jobless and Hopeless in an Unfair Economy*. Oakland: University of California Press.

Taylor, C. 2007. *A Secular Age*. Boston: Harvard University Press.

Tillich, P. 1961. *Wesen und Wandel des Glaubens*. Berlin: Ullstein.

Thomsen, S.R., McCoy, K., und Williams, M. 2001. Internalizing the Impossible: Anorexic Out-patients? Experiences with Women's Beauty and Fashion Magazines. *Eating Disorders 9*: 49-64.

Utter, J., Neumark-Sztainer, D., Wall, M., und Story, M. 2003. Reading magazine articles about dieting and associated weight control behaviours among adolescents. *Journal of Adolescent Health 32* (1): 78-82.

van der Kolk, B. 2014. *The Body Keeps the Score: Brain, Mind, and Body in the Healing of Trauma*. New York: Viking Press.

Verhaege, P. 2013. *Und Ich? Identität in einer durchökonomisierten Gesellschaft*. München: Antje Kunstmann.

Walton, S. 2017. *Neglected or Misunderstood: Introducing Theodor Adorno*. Deershot: Zero Books.

Yehuda, R., Daskalakis, N.P., Bierer, L.M., Bader, H.N., Klengel, T., Holsboer, F., und Binder, E.B. 2016. Holocaust Exposure Induced Intergenerational Effects on FKBP5 Methylation. *Biological Psychiatry 80* (5): 372-380.

Von der Ablasskritik zur Gesetzesbegründung

Das Problem des Rechts in der frühen Theologie der ersten Reformation[1]

Mathias Schmoeckel

1 Zur Einführung: der Ablass und Martin Luthers Ablehnung der guten Werke

1.1 Der Ablass

Eine Gesellschaft braucht die allgemeine Bereitschaft der Menschen, sich an die Gesetze zu halten und von Verbrechen abzusehen. Trotzdem bleiben Verbrechen unweigerliche Charakteristika des Menschen. Mit dem Aufkommen der individuellen Beichte und der auferlegten Buße wurde die Vorstellung verbunden, dass gute Taten des Menschen frühere Verfehlungen aufheben oder zumindest deren Strafe reduzieren könnten. Der durch die gute Tat später manifeste Wille, zur Ordnung zurückzukehren, sollte die Kirche dazu bewegen, im Gnadenweg von der Strafe abzusehen (vgl. Jombart 1950, S. 1335). Nach dem Aufruf zum ersten Kreuzzug 1095 wurde zunächst die Teilnahme am Kreuzzug, bald darauf aber auch die finanzielle Unterstützung als gute Tat angesehen, ohne dass die Verbindung mit wirklicher Reue kontrolliert wurde. Eigentlich gab es aber ein fein tariertes System, wer – bis hin zum Papst bei gravierenden Straftaten – für die Entscheidung über den Ablass zuständig sein sollte. Ein Ablass sollte nach päpstlichen Schreiben nach 1320 *a poena et culpa* absehen oder davon reduzieren (vgl. Benrath 1995, S. 349f.; klassisch Paulus 2000). Als Ausdruck der besonderen Gnadenmacht der

---

[1] Herrn Kollegen Mathias Lindenau danke ich herzlich für die freundliche Einladung nach St. Gallen am 27.3.2017.

Kirche wurde dem Sünder so eine goldene Brücke zur Rückkehr in die Rechtsordnung gebildet. Trotz der Ablehnung der Ablasspraxis durch viele Theologen,
nicht zuletzt Wycliff und Hus, dehnte sich diese immer weiter aus (vgl. Paulus
2000, S. 435ff.).

Daher kam es immer wieder zu Missbrauchsfällen. Dazu gehört vor allem
die Ablasspraxis des Johannes Tetzel OP (um 1460-1519) in Sachsen. Diese trug
ein „marktschreierisches" Gepräge, als ob es etwas vollkommen Neues zu er-
werben gebe (vgl. Kaufmann 2009, S. 201). Mit dem Erwerb des Ablassbriefes
sollten vier Gnaden erworben werden. Der (1.) volle Nachlass der Strafen für
alle begangenen Sünden wurde zuerst versprochen. Damit wurde dem Erwerber versichert, nach dem Tod nicht erst über das Fegefeuer, sondern direkt in
das Paradies einziehen zu können. Nach (2.) der freien Wahl des Beichtvaters
folgte die Zusicherung, dass dieser von allen Sünden freisprechen durfte, sogar
von den Fällen, deren Entscheidung der Kurie vorbehalten war. Der Erwerber
und seine Familie wurden (3.) Mitinhaber aller geistlichen Güter der Kirche.
Schließlich (4.) sollten diese Gnaden sogar für schon Verstorbene gelten können. Auch ohne Beichte und Reue sollten damit verstorbene Verbrecher frei-
gekauft werden können. Die kirchlichen Folgen von Verbrechen und Gesetzes-
verstößen konnten damit aufgrund des Ablasskaufs hinfällig werden. Selbst
von den schlimmsten Verbrechen konnte man sich freikaufen. So kann keine
Gesellschaft bestehen und natürlich waren solche Anpreisungen anstößig. Aus
den guten Taten entstand die Möglichkeit, sich und alle anderen mit Geld freikaufen zu können.

Hinter dem erfahrenen Ablasshändler Tetzel stand zudem eine Verbindung des
Ablasses für den Bau des Petersdoms, dem *Peterspfennig* von 1506, sowie dem
Interesse von Kardinal Albrecht von Brandenburg, der so den Kauf seiner geistlichen Würden finanzieren wollte und Tetzel 1516/1517 mit diesem Verkauf be-
auftrag hatte (vgl. Laudage 2016, S. 232f., S. 235f.). Da das Bankhaus der Fugger
deren Erwerb finanziert hatte, war ihr Repräsentant gleich bei Tetzel anwesend,
um das Geld einzunehmen. Das machte die Angelegenheit umso skandalöser, die
Verletzung theologischer Prinzipien umso eklatanter.

1.2   Luthers Thesen

Entsprechend leicht war es für Martin Luther (1483-1546), mit seinen 95 Thesen
aus theologischer Perspektive diese Praxis anzugreifen. Mutig und entschlossen
waren seine Schritte nichtsdestoweniger. Wegen der Aufforderung „Tut Buße" (Mt
4,17) sollte nach Luthers Auffassung die Buße nicht in einem einzelnen Akt, son-

dern im ganzen Leben stecken (vgl. Luther 1982a, S. 26-37).[2] Luther wandte sich also nicht gegen den Nachlass von Strafe und Schuld insgesamt, verlangte jedoch, dass dem wahre Reue (*compunctus*) vorausging (vgl. Luther 1982a, S. 36, S. 31). Im Fall der wahren Reue wäre ein Christ nicht mehr am Ablass interessiert, sondern würde die Strafen seiner Verfehlungen akzeptieren (vgl. Luther 1982a, S. 40, S. 31). Es ging also nicht um den Schatz der Kirche an Reliquien, sondern um das Evangelium (vgl. Luther 1982a, S. 62, S. 33), nicht um Maßnahmen im Zeitlichen, sondern um den Glauben. Der päpstliche Ablass könne im Ergebnis auch nicht die Schuld löschen (vgl. Luther 1982a, S. 76, S. 35). Nichts könne von der vordringlichen Aufgabe befreien, dem Heiland zu folgen (vgl. Luther 1982a, S. 94f., S. 37). Mit dem Ablasskauf erwerbe man eine nur scheinbare Sicherheit. Der wirklich gläubige Christ versuche dagegen, durch seine Mühen und Schwierigkeiten im Leben (*tribulationes*) in den Himmel zu gelangen.

1517 versuchte Luther zunächst noch, zwischen der echten Lehre und dem Missbrauch durch Tetzel zu unterscheiden. Die Macht und das Recht des Papstes zum apostolischen Ablass wollte er nicht in Frage stellen (vgl. Luther 1982a, S. 71, S. 34).[3] 1520 hatte er dann solche Skrupel abgelegt. Konsequent und optimistisch entwickelte er seine Lehre zu den guten Werken fort. Etwas allgemeiner konnte er jetzt formulieren, dass die Werke nicht wegen ihrer selbst, also der Tat selbst wegen, gut seien, sondern wegen des Glaubens, der in ihnen und allen Werken wirke (vgl. Luther 1982b, S. 45). Erneut bezog er sich auf Paulus (Röm 1.17), wonach der Gerechte aus seinem Glauben lebe (vgl. Luther 1982b, S. 51). Erst wenn das Werk und das Gebot im Glauben erfüllt werden, also im Vertrauen auf die Bewirkung durch Gott, kommen Werk und Gebot eine theologische Bedeutung zu (vgl. Luther 1982b, S. 52). Unbedeutend sei das reine äußere von Bullen, Siegeln und Fahnen bei den Ablässen, mit dem das arme Volk zu Kirchbauten, Gaben etc. verleitet werde, während der Glaube ganz verschwiegen oder unterdrückt werde. Wer aus dem Glauben handelt, tue freiwillig aus innerem Antrieb das, was das Gesetz rein äußerlich befehle. Doch die Tat sei nicht bereits bei mechanischer Ausführung gut, sondern erst, wenn sie aus innerer Überzeugung geschehe. Die Glaubenden bzw. in der Zuversicht auf Gottes Rechtfertigung Handelnden benötigten daher nicht das Gesetz (vgl. Luther 1982b, S. 55). Wer nur auf das äußere Gebot abstelle, komme auf die Idee, sich auf Äußerlichkeiten zu verlassen, die Freiheit zu missbrauchen und faul zu werden. Doch nicht wegen der Werke, sondern durch Gottes Gnade werde verziehen (vgl. Luther 1982b, S. 59). Auf diese Gnade dürfe man

---

2   Vgl. dazu Brandt (2007); Hamm (2016).

3   Zu dieser Entwicklung wie für die weiteren Entwicklungsschritte in Luthers Leben und Werken vgl. Heckel (2016, S. 95ff.).

hoffen, während die reine Ableistung von Werken nicht helfen könne und daher eher Anlass zur Sorge gebe. Luther konzedierte, dass es auch Menschen gebe, die Gutes täten, um sich den guten Namen und Ehre zu erhalten. Doch letztlich sei dies nichts anderes als Eitelkeit, Selbstsucht und Sünde (vgl. Luther 1982b, S. 68). Werde jemand daher in Schande gestoßen, so sei das ein Mittel Gottes gegen solche Geltungssucht. Das Befolgen von Geboten konnte also insgesamt nicht helfen.

Zwar präzisierte Luther dann einige wenige Regeln, die befolgt werden sollten. Dazu gehörten die Verbote, zu fluchen und den Namen Gottes zu missbrauchen. Unrecht gälte es zu widerstreben, egal um welche Person es sich handele. Hierbei sei es egal, ob der Betroffene arm oder reich, einfach oder mächtig, Freund oder Feind sei (vgl. Luther 1982b, S. 74f.). Beim Beten gehe es nicht um das Abzählen von Blättern oder Rosenkranzperlen. Vielmehr seien die eigenen Nöte vorzutragen. Dafür müsse man sich den Nöten des eigenen Lebens stellen und auf Gottes Hilfe bauen (vgl. Luther 1982b, S. 74f., S. 84). Beim Fasten ginge es um den Kampf gegen den inneren Adam, also die Bekämpfung der inneren Lust, nicht um ein äußeres Werk. Unsinn sei das Fasten, wenn sich der Mensch, etwa eine schwangere Frau, dadurch schädige (vgl. Luther 1982b, S. 104-107). Bei solchen Werken ging es Luther also ausschließlich um den Glauben und das erste Gebot (vgl. Luther 1982b, S. 109). Notwendige Gesetze im Sinne der Rechtsordnung meinte er damit nicht.

Nachdem Luther die Bulle mit der Exkommunikationsandrohung verbrannt und sich damit als Ketzer zu erkennen gegeben hatte, gelang ihm mit seiner Schrift zur *Freiheit eines Christenmenschen* eine noch weitergehende Dogmatisierung dieser Lehre. Einleitend begann er mit dem scheinbaren Gegensatz zwischen der Freiheit eines Christenmenschen, aufgrund derer kein Mensch einem anderen untergeben sei, gleichzeitig aber als dienstbarer Knecht aller Dinge und jedermann untertan sei (vgl. Luther 1982c, S. 21, S. 239f.).[4] Diesen Gegensatz löste er mit der doppelten Natur des Menschen auf, der eine geistliche und eine leibliche Qualität habe. Gemeint wurde der Unterschied zwischen dem inwendigen, geistlichen Leben und den äußerlichen, nur den Leib betreffenden Dingen. Diese Dichotomie beschrieb er als so grundlegend, dass er eine Wirkung vom einen auf den anderen Teil des Menschen ausschloss: Der Seele helfe es nicht, wenn der Leib heilige Kleider anziehe, also irgendwelche äußerlichen Werke tue. Die Seele werde vom Glauben geprägt, also der inwendigen Hinwendung auf Gott und die Hoffnung auf die Erlösung. Die Rechtfertigung verdanke sich ausschließlich dem Glauben (Röm 1.17). Die äußeren Werke dagegen, die Beachtung der Gesetze, Gebote, Stände und Weisen, könnten hier nichts helfen, sondern allein die innere Frömmigkeit bzw. der

---

4   Vgl. Heckel (2016, S. 166ff.).

Glaube. Der Blick auf die äußeren Gebote zeige nur die Unmöglichkeit auf, diese umfassend einhalten zu können.[5] Durch den Glauben würden Christus und die menschliche Seele ein Leib (Eph 5.30). Nur mit Hilfe des Glaubens könnten Gottes Gebote eingehalten werden (vgl. Luther 1982c, S. 245). Erst dann käme zur äußeren Aktion die richtige Einstellung, die erst die innere Natur des Menschen erfasse. Werde der innere Mensch von Glauben erfasst, könne er auch vor Gott für andere eintreten, also z.b. für sie beten, und werde dadurch zum Priester (vgl. Luther 1982c, S. 249). Ein solcher Mensch agiere allein aus seinem Glauben, von den äußeren Geboten sei er dagegen frei (vgl. Luther 1982c, S. 251). Äußere Werke wie Fasten, Wachen, Arbeiten und mäßige Zucht könnten allenfalls helfen, um den inneren Menschen zu erreichen und Gehorsam zum Glauben zu lernen. Sie könnten jedoch keinen guten, frommen Mann machen, ein guter Mann vielmehr mache gute, fromme Werke (vgl. Luther 1982c, S. 252, S. 254). Der Mensch unterwerfe sich den äußerlichen Geboten, um zu lernen, worum es endlich innerlich gehe, nämlich Reue, Beichte und Genugtuung (vgl. Luther 1982c, S. 257). Das gelte dabei nicht nur für die Verbesserung des inneren Menschen, sondern auch die Gesellschaft, denn auch in ihr gehe es um den Glauben und die Notwendigkeit, daraus zu bestimmen, was – anstelle eines äußeren Scheins – zu tun notwendig sei (vgl. Luther 1982c, S. 258). Zwar müssten Gesetze eingehalten werden, doch nicht um fromm zu werden. Der einzelne müsse vielmehr begreifen, dass er den Mitmenschen zu Diensten sein wolle und letztlich selbst gegenüber dem Tyrannen Gehorsam schulde (Luther 1982c, S. 262).

1.3 Fragestellung

Die Entwicklung bis 1520 führte zu einer immer weiteren Konsequenz und Verschärfung der Lehre. Das Recht wurde dem Äußeren zugeordnet, aus dem nichts ethisch Wertvolles erwachsen konnte. Die Befolgung der Rechtsordnung war damit keine Tugend mehr. Allein was aus dem Glauben heraus geschehe, könne eine Folge für den Menschen haben. Zwischen dem Reich des Gesetzes und des Evangeliums wurde immer weiter unterschieden (vgl. Witte jr. 2002, S. 104). Entsprechend war es nur noch die Aufgabe des Fürsten, die Ruhe und Sicherheit im Land zu wahren (vgl. Witte jr. 2002, S. 109f.), fast unabhängig davon, wie er regierte. Wie der Storch im Teich, der die Frösche vom Quaken abhalte, sollte er letztlich nur mit großer Macht zuschlagen, sobald die Untertanen laut wurden (vgl. Luther

---

5   Zur Lehre des *usus legis*, insbesondere des *usus theologicus bzw. elenchticus*, vgl. Witte jr. (2002, S. 13); Ebeling (1967, S. 64.).

1900, S. 268).[6] Während allein das Evangelium für die Rechtfertigung wirkte, waren Gesetz und Reich letztlich nur zu Abwehr des Bösen bestimmt und wurden so als Vorhof zur Hölle und des Verderbens gesehen.[7]

Die Ablehnung des Rechts und des Gesetzes war damit recht umfassend. Das Einhalten der Rechtsordnung wurde zu einer wertlosen Äußerlichkeit verdammt. Das Gesetz sollte (1.) im *usus civilis* nur noch sämtliche Verbote auflisten, so dass (2.) nach dem *usus theologicus* dem Menschen dadurch klar würde, dass er diese Fülle an Vorschriften nie einhalten könne (vgl. Witte jr. 2002, S. 102ff.). Das Recht wurde so mit der Hölle in Verbindung gebracht. Damit einher ging ein vollständiges Desinteresse, gutes von schlechtem Recht zu unterscheiden. Nur das Evangelium führte zum Heil, das Recht ausschließlich in die Hölle; so hat es dann Cranach in seiner berühmten Darstellung zusammengefasst (vgl. Weimer 1999, S. 3). Die frühe Theologie der lutherischen Reformation scheint das Recht damit vollständig abgelehnt zu haben.

Und doch zeigen sich bemerkenswerte Übereinstimmungen bereits im Terminologischen. Der Begriff der *reformatio* bezog sich im 15. Jahrhundert vor allem auf die Neufassung von Rechtsordnungen. Stadt- und Landrechtsreformationen unter dem Eindruck des gelehrten Rechts zeigten, wie sich die Gesellschaft modernen Maßstäben anpassen konnte. Mit den Geboten, das Abendmahl in beiderlei Gestalt zuzulassen, evtl. in Verbindung mit der Zulassung verheirateter Pfarrer, setzte letztlich die protestantische Reformation in den Städten und Territorien ein, oft in Form von Kirchenordnungen. Daher wurde schon in der Vergangenheit immer wieder die Bedeutung von Luther für die Ausformung einer neuen Rechtsordnung deutlich.[8]

Mit dem Blick auf Luthers Theologie wird die Nähe zwischen Reformation und Recht jedoch fraglich. Die berühmten kritischen Worte Luthers zu Juristen, z.B. sie als schlechte Christen zu bezeichnen, scheinen seine Lehre auszumachen (vgl. Witte 2002, S. 119ff.). Die Entwicklung einer antinomistischen Position erscheint geradezu als folgerichtiger nächster Schritt. Doch das greift zu kurz und erklärt nicht z.B. die Mitwirkung Luthers an der Wittenberger Kirchenordnung 1522 sowie der Leisniger Kastenordnung von 1523 (vgl. Heckel 2016, S. 516f.), also seiner Bereitschaft, bei der Ordnung der neuen protestantischen Gemeinden und ihrer weltlichen Aufgaben mitzuhelfen. Doch wie gelangte man von diesem

---

6 Vgl. dazu Schmoeckel (2015, S. 150) sowie Höpfl (1991).

7 Zur Rolle des Staates nach dieser Dichotomie, die zur heute gelehrten Zweireiche-Lehre führte vgl. v.a. Heckel (1973) sowie Heckel (2016).

8 Einen Überblick über jüngere Forschung geben u.a. Pihlajamäki und Saarinen (2006, S. 1-17).

Ausgangspunkt zu einer Lehre, die dem Recht einen wichtigen Platz innerhalb der Gesellschaft zuwies, wie wir dies bei Bugenhagens Kirchenordnungen, bei Melanchthons Rechts- und Staatslehre (klassisch Kisch 1967; Deflers 2005) oder Ulrich Zwinglis Verantwortung für die Stadt Zürich längst kennen? Hier soll also nicht auf die Rechtslehre der ersten protestantischen Juristen abgestellt werden, sondern auf die theologischen Vorlagen, auf denen diese Juristen aufbauen mussten. Woher entwickelten die Zeit- und Weggenossen Luthers das Verständnis für den Wert der Rechtsordnung, deren Anerkennung Luthers Theologie so vollkommen zu versperren schien? Die heterogenen Lösungsansätze der drei Theologen sollen hier – ohne Anspruch auf irgendeine Vollständigkeit – vorgestellt werden, um die verschiedenen Wege von der ersten Reformation zur Achtung der Rechtsordnung zu verstehen. Damit ist eine Entwicklung zu verfolgen, die um 1520 begann und bei den drei folgenden Theologen bis 1529 klare Antworten hervorbrachte, die unterschiedlicher kaum sein konnten.

2 Bugenhagen

2.1 Zur Person

Mit Johannes Bugenhagen (1485-1558), Doktor Pomeranus, werden aus rechtshistorischer Sicht vor allem die Kirchenordnung in Norddeutschland und Skandinavien verbunden (vgl. Leder 2008, S. 709-711). Über sein Studium in Greifswald ist wenig bekannt. Er hat hier wohl ein Artes-Studium absolviert (vgl. Leder 2002, S. 47). Bei den Greifswalder Juristen, zum Teil aus Italien angeworbenen Humanisten zur Reform der Universität, könnte er rechtswissenschaftliche Vorlesungen und humanistische Einflüsse erhalten haben (vgl. Leder 2002, S. 77, S. 79), doch davon ist kaum auszugehen. Ebensowenig kann man von einer theologischen Ausbildung ausgehen. Sein Studium qualifizierte ihn immerhin, 1504 Rektor in der hohen Schule der pommerschen Stadt Treptow zu werden. Boldewan, Abt des Klosters Belbuck bei Treptow, war sein Förderer (vgl. Schulz 1958, S. 53). So übertrug er Bugenhagen im folgenden Jahr das Amt eines apostolischen Notars, eines „publicus auctoritate apostolica notarius" (Vogt 1867, S. 7). Es gibt auch einige Urkunden, die Bugenhagens Wirken als Notar belegen (vgl. Heinemann 1986). Ebenso soll er das Gerichtsbuch des Klosters Belbuck zwischen 1514 und 1516 geführt haben (vgl. Leder 2002, S. 99).

Notare im Alten Reich mussten keine juristische Ausbildung absolvieren; von Juristen wurden sie daher oft kritisiert.[9] Doch ist zwischen den verschiedenen kirchlichen, kaiserlich und sonstigen Notaren zu unterscheiden. Gerade bei den apostolischen Notaren sind Klagen über mangelnde Bildung wegen des allgemeinen kanonistischen Hintergrunds kaum zu beobachten. Erst die Reichsnotariatsordnung von 1512 versuchte, sowohl für die Urkunden als auch für die notarielle Kunst gewisse Mindestregeln einzuführen (vgl. Schmoeckel 2012a, S. 29-74). Man kann aus der Ernennung als Notar zwar nicht auf juristische Expertise schließen, jedenfalls nach dieser Zeit aber auf eine gewisse Erfahrung.

1509 folgte die Priesterweihe Bugenhagens. Schließlich wurde er auch Lektor und kam so ständig mit theologischen Fragen in Berührung (vgl. Leder 1981, S. 235). 1521 reiste er dann nach Wittenberg, um sich der Reformation anzuschließen, immatrikulierte sich und wurde Luthers Freund. Doch bald hielt er selbst mehrere Vorlesungen und gewann Ansehen durch seine Bibel-Exegesen. Bereits 1523 wurde er daher zum Stadtpfarrer von Wittenberg ernannt. 1528 wurde er dann nach Braunschweig berufen, um dort die Reformation einzuführen. Zu diesem Zweck wurde er – wie später noch öfter – in Wittenberg beurlaubt. In Braunschweig entwickelte er seine erste Kirchenordnung, der viele folgen sollten, so dass sich Bugenhagen den Ruf als *Reformator des Nordens* erwarb.

2.2   Theologische Entwicklung

Wie sich Bugenhagen der Lehre Luthers anschloss, wurde in der Literatur schon mehrfach beschrieben. Dabei nahm der Glaube auch bei Bugenhagen die zentrale Rolle für die Rechtfertigung an, während die Buße parallel dazu entwertet wurde (vgl. Bieber 1992, S. 261, S. 299ff.). Die Beichte führte damit nicht mehr zu Lösung von der Sünde, die korrekte Durchführung nicht mehr zum *iudicium*. Dies wurde alles zu einer Äußerlichkeit (vgl. Bieber 1992, S. 164f.). 1524 fasste Bugenhagen aus seiner Sicht den Irrglauben an das Gesetz noch einmal zusammen (vgl. Bugenhagen 2013, S. 740, S. 742). Nicht einmal das Gesetz Gottes führe zur Rechtfertigung. Das Gesetz sei nur gegeben, um die Sünden und Vergehen gegen Gottes Willen zu erkennen. Kein Heil könne sein, wo man auf menschliche Gesetze setze. Auf dieses Vertrauen zu setzen, sei eher ein Hindernis zur Rechtfertigung.

Nach 1524 lässt sich bei Bugenhagen jedoch eine schleichende Wandlung beobachten, durch die das Gesetz in seiner Lehre mehr Gewicht erhielt und wodurch sich Bugenhagen zunehmend von Luther unterschied (vgl. Kötter 1994, S. 38). Das

---

9   Eine Sammlung von Beschwerden ist zu finden bei Roeder (2015, S. 58f.).

mag auch damit zusammenhängen, dass er nun ebenso Melanchthon, besonders dessen *Loci communes* von 1521, mit heranzog (vgl. Kötter 1994, S. 164f.). Sicherlich prägten ihn sein Umfeld und seine neue Verantwortung als Stadpfarrer von Wittenberg. Doch besonders eine Predigt vom 29. April 1525 zu 1Joh lässt noch eine andere Ursache vermuten. Am Ostersonntag dieses Jahres, den 16. April, hatten aufständische Bauern Graf Ludwig von Helfenstein und dessen Begleiter vor der Stadt Weinsberg bei Heilbronn ermordet. Dies bewog Luther dazu, seine berühmte Schrift *Wider die Mordischen und Reubischen Rotten der Bawren* zu verfassen (vgl. Basse 2012, S. 163-177). Doch auch andere Wittenberger wie Melanchthon reagierten nun auf den Bauernkrieg und sahen ein, die Bewahrung der Rechtsordnung stärker zu schätzen (vgl. Schmoeckel 2012b, S. 179-202). Da Bugenhagen am 18. April gegen die Schwärmer die Bedeutung des Friedens predigte (vgl. Bugenhagen 1910, S. 202-206),[10] liegt die Vermutung nahe, dass sich auch Bugenhagen von den Ereignissen beeindrucken ließ.

Immer noch betonte Bugenhagen, dass das Gesetz geistlicher Natur sei, sich also auf die Reinheit des Herzens, nicht auf äußerliche Praktiken richte (vgl. Kötter 1994, S. 157f.). Insoweit hielt er prononciert an Luthers Lehre fest (vgl. Holfelder 1981, S. 100f.). Evangelische Lehre bedeute in diesem Zusammenhang, die Erkenntnis der Sünde und die Bedeutung der Gnade zu fördern. Doch auch das Gericht solle gelehrt werden ebenso wie die Liebe. Die Lehre des Gerichts, mit dem wir uns selbst richteten, um uns von der fleischlichen Seite zu befreien, war also gegen den alten Adam gerichtet. Damit wurde jetzt eine viel größere Bedeutung auf die Lehre des Evangeliums gelegt. Eine bessere Unterweisung sollte Fehlentwicklungen vorbeugen.

Diese lässt sich ferner in dem *Sendbrief* von 1526 finden, in dem er die Hamburger unterweisen wollte, wie der evangelische Glauben zu praktizieren sei.[11] Die Abhängigkeit von Luthers Ablasslehre, insbesondere seiner *Von der Freiheit eines Christenmenschen* wird auch noch in seiner Schrift von 1526 spürbar (vgl. Vainio 2008, S. 54).[12] Dabei hielt sich Bugenhagen an Luthers Vorgaben. Er betonte Christus' Aufgabe (*solus Christus*), denn eigene Werke könnten nicht zum ewigen Leben helfen, und wir würden auch Christen, nicht Rosenkränzler genannt (vgl. Bugenhagen 1867, S. 108f.). Nur die Gnade Gottes wirke hier (vgl. Bugenhagen

---

10 Nr.47 vom 18.4.1525 zum Osterdienstag.

11 J. Bugenhagen: *Von dem christlichen Glauben und rechten guten Werken weder den falschen Glauben und erdichtete gute Werke, dazu, wie man's soll anrichten mit guten Predigern, daß solche Glaube und Werke gepredigt werden, an die ehrenreiche Stadt Hamburg*, zit. nach: Vogt (1867, S. 101-267).

12 Zum Aufbau des Sendbriefs vgl. Holfelder (1981, S. 86ff.).

1867, S. 113f.). Sie führe zur Gerechtigkeit Gottes, für die menschliche Kräfte nicht
ausreichten (vgl. Bugenhagen 1867, S. 115). Der notwendige rechte Glaube stam-
me allein von Gott (*sola fide*) (vgl. Bugenhagen 1867, S. 125). Er führe zur echten
Reue. In diesem Zustand würde man Gott lieben, die eigene Seele hassen, und
Sünden erkennen (vgl. Bugenhagen 1867, S. 136, S. 141).[13]
     Dabei wollte er gute Werke nicht allgemein verwerfen. Es beruhe auf einem
Missverständnis, den Lutheranern vorzuwerfen, sie würden alle guten Werke
ablehnen. Gute Werke könnten insbesondere dazu dienen, den Körper zu unter-
werfen. Fasten, Wachen, Arbeit und Gebet könnten dabei helfen, das Gebot der
Nächstenliebe umzusetzen (vgl. Lorentzen 2008, S. 135f.). Hilfreich seien leibliche
Übungen, um den inneren Adam abzutöten und sich auf die Werke zugunsten der
Nächsten zu konzentrieren. Dabei gehe es gerade nicht um Äußerlichkeiten oder
um die reine Befolgung von Gesetzen. Trost, Lehre und Strafe könnten gleichwohl helfen, die Menschen auf den rechten Weg zu setzen (vgl. Bugenhagen 1867,
S. 166f.).
     Die guten Werke könnten jedoch nur zählen, wenn sie aus freiem Willen, nicht
als Mittel der Sündenvergebung erfolgten (vgl. Bugenhagen 1867, S. 111). Echte
gute Werke könne man jedoch vor dem Jüngsten Gericht zur eigenen Entlastung
anführen. Sie würden von Gott belohnt werden. Doch diese Werke erfolgten aus
dem Glauben, würden also in der Zuversicht auf Gott erbracht (vgl. Bugenhagen
1867, S. 149-151). Nicht der Mensch wirke hier, sondern Gott, der nicht als Richter, sondern durch seinen Sohn als Retter wirke und ein solches Versprechen zur
Rettung gegeben habe (vgl. Lorentzen 2008, S. 138). Jegliche Berechnung dabei
sei Heuchelei, das Werk von Pharisäern. Gute Werke seien also nicht bloß die Ausführung bestimmter Aktionen, sondern Handlungen im echten Glauben. Fasten
könne nur in Berücksichtigung des Standes und der konkreten Situation als gute
Tat begriffen werden (vgl. Lorentzen 2008, S. 140).
     Doch es sei nicht die menschliche Vernunft, die dabei helfe; vielmehr würden
gerade die Unmündigen den Vater eher erkennen (vgl. Bugenhagen 1867, S. 198ff.,
S. 207). Es ging Bugenhagen also um die rechte Praxis von Fasten, Wachen und
Beten, die in der Freiheit des Christenmenschen nicht nach festen Regeln abgehal-
ten werden könnten.
     Am Schluss betonte er dann die Notwendigkeit, die Ordnung der Gemeinschaft
zu erfassen. Dafür sei es erforderlich, die Gesetze, also die zehn Gebote, sowie
das Evangelium und das Gericht sowie schließlich die Liebe gegen den Nächsten
zu lernen (vgl. Bugenhagen 1867, S. 237ff.). Trotz der Freiheit der Christen sei es
falsch, das Gesetz ganz zu verwerfen und allein durch das Evangelium zu ersetzen.

---

13 Die Abhängigkeit von Luther insoweit betont auch Kötter (1994, S. 46).

Dafür sei die Obrigkeit erforderlich, zu der letztlich auch die Hausväter als die Bischöfe in ihrem Haus gehörten (vgl. Bugenhagen 1867, S. 266). Wie die Pfarrer sei die untere Obrigkeit erforderlich, um Ruhe und Sicherheit zu bewahren (vgl. Schorn-Schütte 2014, S. 275).

Gerade in der Anerkennung der Ordnung könnte Bugenhagen auf Müntzer reagiert haben (vgl. Kötter 1994, S. 245ff.). Bugenhagen betonte etwas stärker die Einheit von Glaube und Werk und gab letzterem damit mehr Gewicht (vgl. Kötter 1994, S. 250). Doch indem er betonte, dass die Wirkung allein durch den Heiligen Geist eintrat, gab es keinen Widerspruch zu Luther. Das Wort Gottes könne unmittelbar im Menschen wirken, ohne dass es auf die Mitwirkung des Menschen ankäme, wie Bugenhagen insoweit gegen Melanchthon ausführte (vgl. Kötter 1994, S. 226). Das Wort Gottes sei „manifest", also allen bekannt gegeben worden, und könne so in den Menschen wirken (Bugenhagen zit. in Vogt 1966, S. 58, S. 12).[14] Allerdings lief dies auf eine neue Rechtfertigung der Predigt hinaus: Durch die Predigt und das Wirken der Kirche wird allgemein das Wort Gottes in der Gemeinde bekannt gemacht. Nur scheinbar kam es Bugenhagen wie bei Luthers Lehre von dem einen Amt der Sakramentsverwaltung allein darauf an, dass es die Kirche und die Ausübung des Amts der Sakramentsverwaltung überhaupt gebe. Tatsächlich jedoch musste für Bugenhagen erst sichergestellt werden, dass die rechte Lehre und schriftgemäße Sakramentsverwaltung praktiziert wurden. Die Leistung der rechten Lehre und deren Kontrolle gewannen damit eine größere Bedeutung, so dass Bugenhagen sich doch Melanchthons Vorstellung von der Bedeutung der Erziehung annäherte (vgl. Olesen 2007, S. 95).

Bugenhagen musste die Kraft einer öffentlichen Ordnung neu bemessen. Die ordnende Rolle der Ehe, der Schule, der Armenfürsorge und letztlich der Prediger, die über diese Praxis zu wachen hatten, mussten von der Gemeinde sichergestellt werden. Damit näherte er sich dem Entwurf einer weltlichen Ordnung aus christlicher Sicht (vgl. Olesen 2007, S. 100). Dabei musste der weltliche Herr letztlich die Aufgabe des *defensor fidei* spielen (vgl. Olesen 2007, S. 100, S. 106).

2.3 Kirchenordnungen ab 1528

Von der Theorie ging es 1528 zur Praxis, als Bugenhagen in Braunschweig seine erste Kirchenordnung abfassen musste. Die Einleitung enthält zu Anfang gleich ein Programm, für dessen Umsetzung die Ordnung gilt:

---

14 Vgl. Brief an Nicolaus Gerbel vom 4.11.1525: *manifesta verba Christi* sowie im August 1523 an die Universität Wittenberg: *verba manifesta.*

„Vor alle sind dre dinck alse noedich angesehen. Dat erste, gude scholen up torich-
ten vor de kindere. Dat ander, predikere, de Gades wort reyn dem volke vordragen,
antonemen, ock latinische lectien unde uthleginge der hilgen srifft, vor de gelerden
to vorschaffen. Dat drudde, gemeyne Casten antorichten mit Kerken guderen unde
anderen gauen, dar uth sulke unde andere kerken denste erholden, unde der armen
notrofft werde geholpen." (Richter 1846, S. 107)

Charakteristisch ist hier der Beginn mit der Schule, der den Bildungsimpetus von
den Kindern bis zur Universität betont. Demgegenüber werden dann die beiden üb-
rigen Hauptaufgaben ausgeführt, nämlich die Ordnung der Pfarrer und der Kirche
sowie die Organisation der Wohlfahrt in der Gemeinde dank des Gemeinen Kastens. Damit folgte Bugenhagen wiederum nur Luther, der mit seiner Vorrede zur
Ordnung des Gemeinen Kastens der Stadt Leisnig 1523 diese gemeinschaftliche
Verwaltung aller kommunalen Ein- und Ausnahmen approbiert hatte (vgl. Richter
1970, S. 19ff.), aber letztlich schon 1522 mit der nicht approbierten Wittenberger
Kirchenordnung entworfen hatte.

Nach Braunschweig wurde Bugenhagen immer wieder gebeten, Kirchenordnungen entwerfen. Die Kirchenordnung von Hamburg aus dem Jahr 1529 war sein
zweiter Wurf (vgl. Bugenhagen 1976, S. 3). Schon die Vorrede beginnt mit der
Feststellung, dass Gehorsam gegenüber der Obrigkeit eine gottgefällige Aufgabe
sei. In allem müsse der Christ die Obrigkeit annehmen. Das bedeute, das Böse
zu strafen und Rechtschaffene zu schützen. Die Ordnung behandelt daher konse-
quenterweise die Aufgaben, das geltende Recht, das Verfahren vor dem Gericht
und die Entstehung der Urteile zu präzisieren. Danach wird gefragt, wie Prozesse – im Sinne von 1Kor 6.7 – vermieden werden können und wie mit den Gütern
der Kirche umzugehen sei (vgl. Bugenhagen 1976, S. 2, S. 4). Die Kirchenordnung
selbst beginnt inhaltlich mit der Schule, von der die Arbeit an der Gemeinde her
entwickelt wird. Über Universitäten gelangt der Blick auf die Prediger und die
kirchliche Hierarchie. Dabei werden die Dienste des Predigers, also u.a. die verschiedenen Kasualien, näher beschrieben. Über die sonstigen Helfer der Kirche
geht es dann zu den Festen, dem Gesang, der Messe und schließlich die Einkünfte,
Ausgaben und Verwaltung des Gemeinen Kastens, also der Gemeindefinanzen.

Die Lübecker Kirchenordnung von 1531 folgte diesem Aufbau,[15] doch ergänzte
sie wieder eine klare Dreiteilung: 1) Ordnung des Schulwesens und des Gottes-
dienstes, 2) Ordnung des geistlichen Amtes, 3) Ordnung der Armenfürsorge (Hauschild 1981). In der Pommerschen Kirchenordnung beginnt es mit dem Predigt-
amt, der Lehre in den verschiedenen Orten und Kasualien, und setzt sich mit den

---

15   Zur Systematik in den Kirchenordnungen Bugenhagens vgl. Lück (2007, S. 171-189).

Schulen und Universitäten fort. Der zweite Block gilt dem gemeinen Kasten sowie den Personen, für die das Geld ausgegeben wird, insbesondere den Diakonen, den Verwaltern und Bediensteten. Schließlich werden die Zeremonien über die Messe bis zum Begräbnis einschließlich der Regeln für Feste und Fasten gesammelt (vgl. Hauschild 1981, S. XI-XXXVI). In den folgenden Kirchenordnungen wurde weiter variiert.[16] Dabei wurde immer wieder einerseits die freiheitliche Selbstordnung der Gemeinden betont. Mit den inhaltlichen Schwerpunkten Schule, Gemeindedienst und Diakonie ging es um die Werke gegenüber dem Nächsten und die Verbreitung der Lehre durch die richtigen Werke in christlicher Nächstenliebe (vgl. Olesen 2007, S. 93-100, S. 99).

Für Bugenhagen waren diese juristischen Bemühungen kein Widerspruch zum Glauben. Der wahre Christ halte Vorschriften der Moral nicht für unwürdig. Der Geist des Glaubens führe ihn zu allem, was Gott wolle und der brüderlichen Nächstenliebe diene.[17] Der Geist sollte also zum Glauben führen und die Einhaltung der Gesetze bewirken. Notwendig sei die Ordnung, um die Reinheit der Predigt, die gute christliche Unterweisung und die Armenbetreuung zu garantieren. Ein solches Gesetz, das geistliche Dinge befördere wie etwa die Liebe Gottes sei letztlich ein geistliches Gesetz. Darin unterscheide es sich von den äußerlichen Werken der Pharisäer. Das Kirchenrecht stehe damit letztlich im Dienst der Ordnung Gottes (vgl. Sprengler-Ruppenthal 1971, S. 207). Durch die Erklärung des rechten Lebens helfe es den Kindern Gottes, sich demgemäß zu benehmen (vgl. Kötter 1994, S. 199).

3 Melanchthon

3.1 Bis 1525

In seinen *Loci communes* von 1521 sah Melanchthon (1497-1560) noch ganz im Sinne von Luther die Obrigkeit vornehmlich als Rächerin der verletzten Gesetze an. Ihre wesentliche Aufgabe sei die Verhängung von Strafen und die Verfolgung

---

16 Zu den weiteren Kirchenordnungen Bugenhagens vgl. Sprengler-Ruppenthal (1971, S. 203f.). Insbesondere weiter zu nennen sind Pommern 1534, Dänemark 1537, Schleswig-Holstein 1542, Braunschweig-Wolfenbüttel 1543, Hildesheim 1544; Derivate findet man in Osnabrück 1543, Minden 1530, Herford 1534, Göttingen 1531, Wittenberg 1533.

17 Bugenhagen, zit. in Sprengler-Ruppenthal (1971, S. 202): „Vere Christianus non indiget praeceptis morum. Fidei enim spiritus ducit eum ad omnia quae deus vult et fraterna exigit charitas".

der Straftäter. Zu diesem Zweck müsse sie weitere Gesetze erlassen (Melanchthon 1997, S. 134). Die Obrigkeit sollte demnach ordnen und strafen (Melanchthon
1997, S. 366). Insoweit sei sie von Gott gewollt und legitimiert. Die Fürsten dürften
frei agieren, doch dürften sie nicht gegen Gottes Willen verstoßen (vgl. Melanchthon 1997, S. 367). Doch selbst der Tyrann sei zu ertragen, notfalls sei ihm die
andere Wange hinzuhalten. Der vom König verletzte Untertan solle andere Wege
finden, um sich durchzusetzen (vgl. Melanchthon 1997, S. 367).

 1525 wurde er von Kurfürst Ludwig V. von der Pfalz aufgefordert, zum Begehren der Bauern Stellung zu nehmen (vgl. Schmoeckel 2012b, S. 179-202). Ähnlich
wie Luther war Melanchthon von der Gewalt und Brutalität des Bauernkriegs an-
gewidert. Mit dem Ausschluss des Widerstandsrechts nahm er ihnen den wesentlichen Grund ihres Aufstands. Selbst wenn der Fürst Böses tue, bleibe er der allein
von Gott eingesetzte Herr. Widerstand gegen den König sei daher letztlich Widerstand gegen Gott. Etwas mildernd meinte er allerdings, dass nur die Bösen die
Obrigkeit zu fürchten brauchten. Diese sei nicht gegen die guten Werke eingesetzt.
Wer Gutes tue, brauche die Obrigkeit nicht zu fürchten (vgl. Melanchthon 1854a,
S. 645). Ausführlicher beschrieb er nun die Funktion der Obrigkeit. Sie schaffe
Gericht und Gesetz, um damit die leiblichen Güter in Frieden zu teilen, so dass
man sie besitzen und gebrauchen könne (vgl. Melanchthon 1854a, S. 646). Die Ob-
rigkeit richte die weltliche Ordnung ein, damit jeder in seinem Stand dienen könne.
Der Gehorsam der Untertanen sei daher Gott gefällig, solange sich nicht aus dem
Gewissen erkennen lasse, dass Gehorsam ausnahmsweise unangemessen sei. Doch
letztlich könne sich die Obrigkeit keine drei Tage gegen den Willen Gottes halten
(vgl. Melanchthon 1854a, S. 648).

 Neu war hieran, dass die Obrigkeit viel stärker als früher bestimmten Pflichten
unterzogen wurde. Die Obrigkeit sei nur solange gottgefällig, wie sie die richtige
Ordnung tatsächlich gewähren könne. Dazu gehöre ebenso die Einrichtung des
Pfarramts, damit das Evangelium im Land gepredigt werden könne (vgl. Melan-
chthon 1854a, S. 651). Zu strafen sei das Volk nach der Not des Landes. Grund-
sätzlich leite man einen Esel mit Futter, Geißel und Arbeit. Doch nach der Nieder-
schlagung des Aufruhrs sollten die Fürsten Gnade zeigen und Maß halten in der
Bestrafung (vgl. Melanchthon 1854a, S. 660). Liebe und Barmherzigkeit solle ihre
Regierung prägen, damit Frieden wieder einkehren könne und die Menschen im
Staat still und ruhig leben könnten:

> „Darumb solltens auch helffen, das gehandhabt wurd, was zu friden und rüge dient,
> als, daß die gericht recht bestellet wurden, das die iugent recht gezogen wurd. Es
> solten auch die schulen wol angericht werden, das man Christliche und andere leer
> erhielt, da durch die lewt zu friden und erbarkeyt gezogen werden. Auch sollt die

Oberkeyt daran seyn, das Gots wort recht geprediget wurd, und die ordnungen ynn den Kirchen, die widder Gott sind geendert, so wurde Gott yhnen fried und gluck yn yhrem regiment geben, wie ehr Ezechie und andern fromen Konigen geben hatt, di do alte Mißbreuch yn gotts dienst geendert haben, [...]". (Melanchthon 1854a, S. 662).

Die Anstellung von Pfarrern und die Lehre des Evangeliums wurde hiermit zu einem Charakteristikum der staatlichen Ordnung in Friedenszeiten. Schulen kamen hinzu, um die Jugend und den Rest der Bevölkerung zu guten Untertanen zu Frieden und Ehrbarkeit zu erziehen. Hierbei kam es nicht nur auf die christliche Lehre an, sondern auch auf das, was für einen Staat notwendig sei. Man wird hier an politische Lehre oder Gesetze denken können. Der Fürst sollte längst nicht mehr nur richten, sondern wurde dafür belohnt wie Ezechiel, wenn er die Reform seines Reiches unternahm.

3.2 Rezeption von Cicero und Aristoteles

Es sind mehrere Tendenzen, die hier zusammenkamen, und in den nächsten Jahrzehnten von Melanchthon immer stärker betont wurden. Es ist zunächst (1.) auffällig, dass sich Melanchthon in den nächsten Jahren einem Projekt widmete, dass er schon 1517 entdeckt und in seiner Wittenberger Antrittsrede von 1518 angekündigt hatte, nämlich die nähere Beschäftigung mit Aristoteles und seinen Werken, um das Original im Gegensatz zum scholastischen, auf den lateinischen Texten beruhenden Missverständnissen zu befreien. Mit den von ihm besorgten Ausgaben von Aristoteles und Cicero beschäftigte er sich intensiv mit deren philosophischen Traditionen. Die *Prolegomena* zu Ciceros *De officiis* von 1525 darf man als Auftakt einer Reihe von Werken ansehen. Während das *Argumentum et Scholia in officia Ciceronis* von 1525 noch eine unselbständige Anreihung von Anmerkungen darstellt, stellten die *Enarrationes* von 1529 schon den Versuch dar, die Lehre Aristoteles nach den Büchern zusammenzufassen. Es folgten v.a. 1529 die *Enarrationes librorum Ethicorum Aristotelis*, 1538 die *Epitome philosophiae moralis* sowie 1550 noch die *Ethicae doctrinae elementa*. Diese Reihe von Werken begann also als Zusammenfassungen, doch zunehmend wurden die Ideen eigenständig präsentiert und konnten sich so mit seinen Vorstellungen der Reformation verschmelzen.

Noch immer bildete hier der Gegensatz von Evangelium und Gesetz den Ausgangspunkt. Doch die Aufgabe der Ethik sollte darin bestehen, die menschlichen Sitten konform zum Naturgesetz zu erklären (vgl. Melanchthon 1850a, S. 277f.). Nach Aristoteles sollte die Ethik eine wahre Praxis sein, die sowohl die privaten

Sitten als auch die Ausübung der öffentlichen Ämter bestimmt (vgl. Melanchthon 1850a, S. 285). Aus der philosophischen Lehre wurde damit (2.) eine andere Praxis gefordert. Dafür sei es den Menschen erforderlich, die richtigen Aktionen zu lernen und zu lehren, um durch Vorbilder zu verstehen, was für die Gesellschaft notwendig sei (vgl. Melanchthon 1850a, S. 290). Zwar sei das Naturrecht in das Herzen aller Menschen eingeschrieben. Doch nicht allen werde das gleich unmittelbar deutlich. Daher müsse man den Menschen die Tugenden beibringen. Alle weisen Gesetze dienten daher dazu, die Tugenden zu bestimmen und vorzuschreiben (vgl. Melanchthon 1850a, S. 319, S. 342). Für den richtigen Christen würden Gerechtigkeit und die Einhaltung der Gesetze miteinander verschmelzen. Die Gerechtigkeit sei dabei nicht nur durch die Obrigkeit, sondern auch von den Privaten zu gewährleisten (vgl. Melanchthon 1850a, S. 365f.). Letztendlich müssten sich alle von einer Interpretation des Gesetzes leiten lassen, die Juristen heute als teleologische Interpretation bezeichnen.[18]

(3.) In Melanchthons posthumen *Prolegomena* wurde die Diziplin zu einer *virtus interior* (vgl. Melanchthon 1850b, S. 533). Der Gegensatz zwischen Lex und Evangelium schmolz dabei. Die *lex moralis* war nur noch eine Norm der Gerechtigkeit in Gott, die den verstandesbegabten Menschen gegeben werde. Das Evangelium war dagegen die Lehre der Buße und die Verheißung des ewigen Lebens durch Christus als Mittler an die gläubigen Menschen (vgl. Melanchthon 1850b, S. 537). Der Unterschied zwischen äußerer Disziplin und dem durch seinen reinen Glauben wieder geborenen Christ, der aus seinem Glauben handelt, liege in Gottes Geschenk des Glaubens. Doch könne die Disziplin eine Einübung der richtigen Praxis darstellen (vgl. Melanchthon 1850b, S. 541f.). Mit der äußeren Einübung kann sich im Körper die Einsicht in das ergeben, was richtig ist (vgl. Melanchthon 1850b, S. 548). Dabei wird die Gerechtigkeit zu einer Qualität der rechten Gesellschaft, die Einsicht in sie zum Kennzeichen des Glaubens (vgl. Melanchthon 1850b, S. 545f.). Mit eigenständigen Verträgen würden sich die Gläubigen ihr soziales Leben einrichten (vgl. Melanchthon 1850b, S. 560).

(4.) Die Menschen seien vernunftbegabt, wenn auch fehlbar. Daher müsse man ihnen helfen, die Tugend zu lernen. Das wenige an Verstand und Gewissen, was den Menschen nach dem Sündenfall geblieben sei, habe Gott ihnen gelassen, damit sie es nutzten. Das Training von Verstand und Gewissen wurde also wichtig, um zu erkennen, was Gott vom Menschen erwartet.

---

18   Melanchthon (1850a, S. 409): „Spectandam esse rationem legis, quam vocant animam legis, et iuxta hanc dicunt extendi vel restringi legem. Disputant de definitione iuris, cur dicatur hic ars boni et aequi, cum tamen bonum et aequum sit correctio legum, ut hic dicitur".

3.3 Tertius usus legis

Auch wenn nur die Wiedergeborenen echte gute Taten bewirkten, so könne das weltliche Gesetz dennoch sowohl die Wiedergeborenen als auch alle anderen an die richtige Ordnung erinnern und dabei helfen, sich das richtige Verhalten anzugewöhnen. Die zweite Überarbeitung der *Loci theologici* von 1535 lehrte daher den Gebrauch des Gesetzes durchaus anders (vgl. Melanchthon 1854b, S. 405). Der *usus civilis* sei den Ungerechten gegeben, denn er liste auf, was alles geboten wurde. Das zweite *officium* des Gesetzes liege darin, die Sünde zu zeigen, anzuklagen und zu verdammen. Insoweit folgte Melanchthon noch Luther. Doch er deutete Gal 3.24 (Lex est paedagogus in Christum) anders: aus dem lutherischen *Zuchtmeister* wurde ein echter Lehrer. Der Disziplin stünde großes Lob zu, weil sie einlade, das Evangelium zu hören und ihm zu folgen. Der dritte Gebrauch des Gesetzes, den Melanchthon nun entwickelte, bestünde darin, den Inhalt guter Werke anzuzeigen. Nur die im Glauben Wiedergeborenen könnten zwar mit der Hilfe des in ihnen wirkenden Heiligen Geistes die Gesetze einhalten. Doch auch den Wiedergeborenen im Glauben helfe der Blick in das Gesetz, sich an Gottes Willen im Alltag zu orientieren. Auch die anderen, die noch nicht im Glauben wiedergeboren seien, könnten sich am Gesetz darüber informieren, was ge- und verboten sei. Wenn die Christen zwar frei gegenüber dem Gesetz seien, so sei es den Gerechten doch nötig, das Gesetz zu befolgen (vgl. Melanchthon 1854b, S. 406). Das Gesetz helfe ihnen also, sich über die rechten Taten zu informieren.

Nur auf den ersten Blick scheint Melanchthon am Ende dieser Entwicklung Luther zu widersprechen, etwa wenn man liest, dass das ewige Leben wegen der guten Werke geschenkt werde (vgl. Melanchthon 1854c, S. 601-798). Doch weiterhin sollten nur äußerliche Werke ohne Wirkung bleiben, wenn sie nicht mit dem rechten Glauben erfüllt seien (vgl. Melanchthon 2012, S. 287). Jedoch müsse man die Menschen darin unterweisen, was sie tun sollten. Allein die Wiedertäufer würden die Freiheit vom Gesetz zu weit treiben. Die Menschen könnten gute Werke tun, wenn diese durch den Sohn Gottes und den Heiligen Geist bewirkt würden (vgl. Melanchthon 2012, S. 289). Voraussetzung der wirksamen guten Taten bleibe damit der Heilige Geist, also nicht der Mensch selbst. Da der Mensch jedoch im Leben voller Fehler sei, behalte der – äußere – Gehorsam gegenüber Gottes Gesetzen seine Bedeutung. Gute Werke seien dann letztlich nur Eingewöhnungen in den Gehorsam gegenüber Gott (vgl. Melanchthon 2012, S. 294) bzw. in ein gottgefälliges Leben. Umgekehrt sei das Leben in Sünde Gott ein Graus. Der Versuch, nach dem Gewissen und Gottes Gesetz zu leben führe letztlich dazu, dass Gott das Geschenk des Glaubens geben könne (vgl. Melanchthon 2012, S. 300). Die Lehre des Gesetzes könne dazu führen nicht nur die Sünde, sondern auch Gott zu erkennen.

Obgleich die Erkenntnis letztlich Gottes Werk bleibe, so könne das Gesetz doch Zeugnis ablegen (vgl. Melanchthon 2012, S. 233).

Bildung und die Einsichtsfähigkeit des Menschen schufen damit für Melanchthon erst die Voraussetzungen, bei denen das Geschenk der Rechtfertigung erteilt werden könne. Melanchthon nahm damit Bugenhagens Thema der Erziehung und rechten Ordnung auf und erweiterte es. Er schaffte es dabei, ganz gegen Luthers Vorbild dem Gesetz doch noch eine positive Funktion zuzuweisen, ohne Luther klar zu widersprechen. Der Mensch sollte nach Melanchthon gut erzogen werden, lernen, das Richtige zu erkennen und umzusetzen, und sich letztlich an Disziplin gewöhnen. Auch die Festlegung des protestantischen Glaubens in der *Confessio augustana* von 1530 stellt letztlich einen Versuch dar, die richtige Lehre zu verbreiten und Einheit zu stiften. Letztlich war dann jedoch jedes Gesetz und jede Kodifikation ein barmherziges Werk der Obrigkeit, die ihren Untertanen damit anzeigte, was alles geleistet werden sollte (vgl. Schmoeckel 2009; 2013, S. 239-249). Der Rest sei dann die berechtigte Hoffnung auf Gottes Barmherzigkeit. Es spricht viel dafür, dass Melanchthon die Bedeutung des Gesetzes erst 1525 mit den Bauernkriegen erfuhr und dann Wege suchte, um diese Erkenntnis mit Luthers Theologie zu verbinden.

4 Zwingli

4.1 Ausgangspunkt

Schon in den Kirchenordnungen von Braunschweig, Hamburg und Lübeck profitierte Bugenhagen von der Amts- und Polizeigewalt der Städte, die ihn engagiert hatten (vgl. Hauschild 1981, S. XXI). Noch deutlicher ist dies der Fall von Ulrich (Huldrych) Zwingli (1484-1531). Er war nur ein Jahr jünger als Luther und vieles vollzog sich bei ihm parallel oder in anderen Geschwindigkeiten zur sächsischen Reformation. Die Entwicklung in Zürich und anderen Orten zeigt zudem, wie weit verbreitet die grundlegenden Ideen der Reformation schon zu diesem Zeitpunkt und keineswegs auf Wittenberg beschränkt waren. 1519 wurde Zwingli zum *Leutpriester* am Grossmünsterstift in Zürich ernannt. Durch seine Predigten erwarb er immer mehr Einfluss in der Stadt und auf den Rat. Ohne je ein offizielles Amt zu bekleiden, konnte er so die Reformation durchsetzen und die Stadt erließ alle jene Schul-, Kirchen- und Eheordnungen, die Zwingli wünschte.

Am ersten Sonntag der Fastenzeit des Jahres 1522, am 9. März, fand im Hause des Druckers Christoph Froschauer (um 1490-1564), der auch die Werke Luthers und Zwinglis druckte (vgl. Leemann-van-Elck 1961, S. 664f.), ein provokativer

Verstoß gegen die Fastenzeit statt. Dieses *Zürcher Wurstessen* fand in Anwesenheit vieler Honoratioren der Stadt, auch von Zwingli, statt, der allerdings selbst nicht gegen das Fasten verstieß. Der Buchdrucker musste sich vor dem Rat rechtfertigen und Zwingli schrieb am 16. April die Verteidigungsschrift *Von Erkiesen und Freiheit der Speisen*. Mit diesem gezielten Normverstoß wird der Beginn der Reformation in Zürich verbunden.

Damit musste sich jetzt der Rat der Frage stellen, inwieweit Zwingli mit der Kirche gebrochen hatte und abgesetzt werden musste. Erstaunlicherweise maßte die Stadt sich die Entscheidung zu. Mit der Schrift als alleinige Autorität und der Gewissheit, dass jedermann diese verstehen könne, waren dabei die wesentlichen Weichen für die Reformation schon gestellt. Am 29. Januar 1523 wurde zu einer (ersten) Disputation geladen, in der Zwingli 67 Thesen vorstellte, die seine Lehren zusammenfassten.

Zwingli überließ dem Rat die Kirchenhoheit, solange dieser die Stadt im Gehorsam zu Gott führte und der Schrift „die Ehre gebe". Er selbst schaffte 1524 die Messe ab und heiratete noch im selben Jahr. 1525 veröffentlichte er sein dogmatisches Hauptwerk *Commentarius de vera et falsa religione*, im gleichen Jahr ergingen zahlreiche neue Ordnungen, die das Leben in der Stadt nach protestantischem Vorbild vorschrieben.

4.2   Gegen das Fastengebot

Zwingli begann mit der Feststellung, dass der Mensch in christlicher Freiheit grundsätzlich alle Nahrung zu sich nehmen dürfe (vgl. Zwingli 1905a, S. 135). Eine Ausnahme könne allenfalls für das Fasten gelten oder wenn eine Beschränkung medizinisch notwendig sei. Das Fasten nun dürfe nicht als etwas Äußeres betrieben werden. Es sei nur ein alter Brauch, der allerdings nicht schlecht sei. Schlecht sei dabei nur der Zwang (vgl. Zwingli 1905a, S. 111), sofern dies die innere Beteiligung ausschließe. Zwingli wollte sich also nicht ganz gegen das Fasten aussprechen. Weder wollte er so Anlass für ein Ärgernis der Traditionalisten geben noch ganz mit der Tradition brechen. Auf diese Weise wollte er einen Skandal in seiner Gemeinde vermeiden. Das Fasten konnte damit jedoch keinen Zwang mehr darstellen, weil immer nur die äußere Tat damit gewährleistet werden könne, jedoch nicht die innere Beteiligung: „Wiltu gern vasten, thuo es; wiltu gern das fleisch nit essen, iß es nüt, laß aber mir daby den Christenmenschen fry." (Zwingli 1905a, S. 106)

Ein solch äußerliches Werk schien ihm gerade das Gegenteil von Glauben zu sein, also von Hoffen auf die Barmherzigkeit Gottes (vgl. Zwingli 1905a, S. 95,

S. 104). Insoweit verband sich der Anlass in Zürich mit der Frage nach den guten Werken. Ähnlich wie bei Luther kam es also darauf an, sich auf den Glauben und die Hoffnung auf Rechtfertigung durch Christus zu konzentrieren (vgl. Zwingli 1905b, S. 458-465).[19] Demgegenüber konnte es keine Macht in der Welt geben, die für die Rechtfertigung des einzelnen wirke. Nicht einmal der Papst könne durch seine Macht hier irgendwelche Hilfen geben.[20] Nur Christus allein könne die Rechtfertigung bewirken. Gute Werke ganz allgemein konnten hierbei nichts erreichen.[21] Das Fasten gehörte zu diesen Werken dazu, obgleich der Christ dazu nicht einmal verpflichtet sei.[22]

Die Ähnlichkeiten zu Luther und seiner Ablasslehre sind groß und führten in Zürich wie in Wittenberg dazu zu fragen, wie das Gesetz überhaupt verteidigt werden könne. Der Einfluss Luthers auf Zwingli – oder vice versa – lässt sich allgemein schwer bestimmen (vgl. Gäbler 1983, S. 53; Locher 1981, S. 188). Sicherlich bestanden gerade über die Buchdrucker Kontakte, auch wiesen die Themen große Ähnlichkeiten auf. Doch zeigte sich Zwingli in seiner Argumentation, insbesondere seiner eher milden Haltung und in seinen Bildern, eher selbständig.

4.3 Bedeutung der Gesetze

Bei Zwingli waren Obrigkeit und Gesetz von vornherein kein Instrument des göttlichen Zorns, um die Schlechtigkeit der Menschen niedrig zu halten. Schon in der Fastenschrift verwies Zwingli auf Aristoteles und die Förderung der Tugenden (vgl. Zwingli 1905a, S. 135). Er leugnete auch nicht die Möglichkeit, dass die Kirche Vorschriften machen könnte. Sein Schreiben von der Freiheit der Christen führte in Zürich aber ebenso zu Verwirrungen wie Luthers Schrift in Thüringen. Die Bauern stießen sich insbesondere an der Zehnt-Pflicht. Wenn dieses Gebot keiner göttlichen Pflicht entsprach, sprach das dann nicht für die Ungerechtigkeit der Obrigkeit (vgl. Haas 1969, S. 122-125)?

---

19 Zwingli (1905b, Nr. 8): „ Uß dem volgt: Zuo eim, das alle, so in dem houpt läbend, glider und kinder gottes sind, und das ist die kilch oder gemeinsame der heyligen, ein hußfrouw Christi: Ecclesia catholica."

20 Zwingli (1905b, Nr. 17): Das Christus ein einiger ewiger obrester priester ist; daruß ermessen würt, daß, die sich obrest priester ußgeben hand, der eer und gewalt Christi widerstreben, ja verschupfen.".

21 Zwingli (1905b, Nr. 22): „Daß Christus unser Gerechtigkeit ist; darus wir ermessen, daß unser werck so vil guot, so vil sy Christi, so vil sy aber unser, nit recht, nit guot sind."

22 Zwingli (1905b, Nr. 24): „Das ein yeder Christ zuo den wercken, die gott nit gebotten hatt, unverbunden ist, gedar alle zyt alle spyß essen; darus erlernet wirt käß- und anckenbrieff ein römische geschwindikeit sin."

Dagegen richtete Zwingli 1523 seine Schrift *Von göttlicher und menschlicher Gerechtigkeit*. Während gerade diese Dichotomie einer Anregung Luthers geschuldet sein könnte, erscheint seine Lehre von Gerechtigkeit und Gesetz doch ganz eigenständig (vgl. Haas 1969, S. 126ff.). Die göttliche Gerechtigkeit war nach Zwingli auf den inneren Menschen ausgerichtet. Gott wolle, dass die Menschen den anderen verzeihen, nicht zornig werden, nicht streiten, nicht die Ehe zu brechen begehren, nicht schwören, dass wir Mildtätigkeit üben, die Feinde lieben, nichts Fremdes begehren und nicht verleumden (vgl. Zwingli 1905c, S. 479-482). Dem trete die irdische Gerechtigkeit mit ihren eigenen Gesetzen gegenüber. So wie Gottes Gerechtigkeit und Gesetze innerlicher Natur seien, so sei das weltliche Pendant äußerlicher Art (vgl. Zwingli 1905c, S. 484). Zwar könnten sich die Normen durchaus überlappen: Das äußerliche Verbot, sich fremdes Gut zu nehmen, entspreche dem innerlichen, nicht fremdes Gut zu begehren. Doch die irdische Gerechtigkeit bleibe schwach. Die Menschen urteilten nur nach dem, was vor ihre Augen trete, so dass für rechtschaffen befunden werden könne, wer vor Gott tatsächlich schuldig sei. Dennoch bleibe diese irdische Gerechtigkeit geboten (vgl. Zwingli 1905c, S. 486). Zunächst sei sie eine Folge des menschlichen Ungehorsams. Ferner diene sie als eine Art Lehre. Der Zwist müsse nach dem weltlichen Gesetz vor einem Gericht verhandelt werden, anstelle einfach Rache zu üben und wie die Tiere zu leben. Daher seien die Richter die Oberen Diener Gottes (vgl. Zwingli 1905c, S. 488), obgleich die irdische Gerechtigkeit nie vollkommen sein könne. Dabei sei das Gesetz durch Christus gleichzeitig erneuert und abgetan worden (vgl. Zwingli 1905c, S. 496). Zum einen habe er es deutlicher formuliert, zum anderen habe er den Glauben gegen die klare Verdammnis gesetzt.

Die Obrigkeit müsse die Gesellschaft beobachten und entsprechend auf Fehlverhalten reagieren. Dabei müsse die menschliche Gemeinschaft immer danach verlangen, nach mehr göttlicher Gerechtigkeit zu streben (vgl. Zingli 1905c, S. 503f, S. 520). Immer wieder verweis Zwingli so auf die Verantwortung der Obrigkeit gegenüber den Untertanen, nicht nur durch das Schwert, sondern auch durch Unterweisung für das Gute in der Gesellschaft zu sorgen (vgl. Zwingli 1905c, S. 507). So armselig jede menschliche Gerechtigkeit auch sei, sie bilde letztlich eine Notwendigkeit. Jeder müsse daher menschlicher Gerechtigkeit untertänig und gehorsam sein (vgl. Zwingli 1905c, S. 497). Auch ohne göttliche Anordnung sei daher, wenn es den Geboten der Obrigkeit entspreche, die Zahlung des Zehnten eine Pflicht.

Daraus folgte, dass Zwingli das Gesetz durchaus positiv werten konnte. Es sei ein gutes Ding, denn es zeige den Willen Gottes an. Die Menschen müssten es konsequent lernen (vgl. Zwingli 1908, S. 647). Gesetze würden jedoch nicht für alle Zeiten gelten. Die alttestamentarischen Zeremonial- und Judizialgesetze seien daher ebenso überholt wie die päpstlichen Gesetze (vgl. Zwingli 1908, S. 649;

Hamm 1988, S. 84). Nur für die Frommen sei das Gesetz abgetan, also diejenigen, die ganz nach Gottes Willen handelten, was für den Menschen jedoch kaum möglich schien, da alle Einsicht in Gottes Gebote durch den menschlichen Egoismus getrübt sei.

Zwischen Gesetz und Evangelium ergab sich damit keine derart scharfe Trennung wie bei Luther. Das Gesetz war für Zwingli letztlich ein Teil des ewigen göttlichen Willens (vgl. Zwingli 1914, S. 707; Hamm 1988, S. 84f.), v.a. das fordernde, ge- oder verbietende Wort Gottes, während das Evangelium das verheißende Wort Gottes war. Während der Mensch die inneren Gesetze lernen müsse, um Gott zu verstehen (vgl. Locher 1979, S. 214), könnten allein die äußeren Gesetze im Laufe der Zeit ihre Geltung verlieren. Nur die inneren Gesetze seien als Naturrecht in das Herzen der Menschen eingeschrieben und ihnen damit allgemein bekannt gegeben worden (vgl. Zwingli 1914, S. 707). Letztlich gab sich in der Gerechtigkeit Gottes sogar eine gewisse Geborgenheit, wenn man ihr mit den menschlichen Gesetzen folgte (vgl. Hamm 1988, S. 83).

Unter diesen Bedingungen behielt auch der Rat von Zürich seine Macht. Insbesondere wenn er sich darum bemühte, dem wahren Glauben zu dienen, waren seine Gesetze unbedingt zu befolgen. Als Mittel, die irdische Gerechtigkeit trotz aller menschlichen Schwächen umzusetzen, behielten seine Gesetze Autorität und waren letztlich ein heilsames Mittel, von dem die Menschen lernen konnten. Doch ging Zwingli hier nicht so weit wie Melanchthon, die Gesetze selbst als Lehrbücher oder das Recht als Lehrfach zu begreifen.[23]

5 Schluss

Mit Bugenhagen, Melanchthon und Zwingli finden wir drei Modelle, wie der Ansatz von Luther weitergedacht und trotzdem dem Recht wieder ein bedeutender Platz in der gesellschaftlichen Ordnung eingeräumt werden konnte.

Die Entwicklungen, die hier bei Zwingli zwischen 1522 und 1525 verfolgt wurden, bei Bugenhagen und Melanchthon dagegen in den Jahren bis 1529, können wenig über die möglichen Interaktionen und gegenseitigen Beeinflussungen aussagen. Es sollte hier nicht mehr unternommen werden, als drei – trotz aller Ver-

---

[23] Vgl. etwa Huldrych Zwingli (1526, S. 431 – 447), Wie man die Jugend guten Sitten und christlicher Zucht erziehen und lehren soll. In Huldreich Zwinglis sämtliche Werke, vol. 5 (Leipzig: Heinsius, 1934, Corpus Reformatorum 92), wo die Verantwortung für Gemeinde, Hausgenossen und Familie doch allgemein bleibt.

wandtschaft – doch unterscheidbare Wege zur Begründung des Rechts nachzuvollziehen:

• Für Bugenhagen stand die Unterweisung des Volks im Vordergrund. So wie die Jugend eingeschult und bis zur Universität weitergebildet werden sollte, so war eine rechte Unterweisung im Glauben durch die Kirche notwendig. Diese musste daher ebenso effizient, leistungsfähig und kontrollierbar eingerichtet werden wie die tätige Nächstenliebe, also die Verwendung der öffentlichen Gelder. Obrigkeit und Rechtsordnung waren hierbei unverzichtbare Hilfsmittel, um die Einrichtung von Kirche und rechter Lehre zu gewährleisten, aufgrund derer die Menschen in Gottes Wort unterrichtet werden konnten und der Heilige Geist in ihnen wirken konnte.

• Melanchthon konnte durch den Rückgriff auf Aristoteles dem Erlernen der menschlichen Ordnung und der äußeren Disziplin einen höheren Wert zumessen. Als Eingewöhnung des Körpers und des äußeren Menschen in das, was von ihm innerlich letztlich gefordert werde, könnten die Gesetze sowie deren Befolgung den Menschen helfen. So wie auch der im Glauben Wiedergeborene sich an den Gesetzen im Alltag orientieren könne, so könne auch der noch nicht Wiedergeborene durch das Gesetz lernen, wie er zu leben habe. Eine gute Gesetzgebung könne den Menschen daher zeigen, wie sie zu leben hätten. Die Einsetzung aller Kräfte des Menschen gehörte für Melanchthon zu den – nicht notwendigen – Voraussetzungen, damit der Heilige Geist in ihnen wirken könne.

• Bei Zwingli führte die Aufteilung zwischen den äußerlichen Geboten und der inneren Befolgung nicht dazu, die Gesetze ganz zu verwerfen. Die auf das Innere der Menschen zielenden Normen wies er der göttlichen Gerechtigkeit und einer hohen Bedeutung zu. Neben dem Evangelium zeigten diese inneren Gesetze den Menschen, wonach sie zu streben hätten. Die menschliche Rechtsordnung als äußere Gesetze sollte sich mit ihren beschränkten Mitteln diesen inneren Gesetzen Gottes unterordnen und versuchen, seine Gebote umzusetzen. Wir verstehen daher, warum der Rat der Stadt Zürich durch die Reformation nicht abgeschafft wurde, sondern im Gegenteil dadurch geradezu eine neue Rechtfertigung erhielt.

Mit diesen Ansätzen wurde also in den 1520ern um eine Vereinbarkeit der Reformation mit einer irdischen Rechtsordnung gerungen. Die Entwicklung des Antinomismus ist also nicht einfach die Weiterentwicklung von Luthers Ansätzen bis 1520, sondern erst als Reaktion auf die neue Bedeutung der Rechtsordnung bis 1529. Matthias Flacius ist insoweit eben doch Melanchthons Schüler (vgl. Moldaenke 1961, S. 220-222), der sich wieder der reformatorischen Anfänge erinnerte.

Und es bedurfte erst der Anstöße von Johannes Agricola (1494-1566) 1527 und 1537, um den sogenannten *Ersten antinomistischen Streit* 1537 bis 1540 zu entfachen.

Die verschiedenen Ansätze von Bugenhagen bis Zwingli betonten dabei die Notwendigkeit, den Menschen richtig zu erziehen. Gerade über diese richtige Erziehung gewann die Rechtsordnung wieder ihren verlorenen Boden zurück. John Witte hat daher richtigerweise schon allgemein auf die Bedeutung der Erziehung für die Charakterisierung der Reformation und ihrer Rechtsordnung hingewiesen (vgl. Witte jr. 2002, S. 262). Letztlich wurden hierbei natürlich nur humanistische Ansätze weitergedacht.

Literatur

Basse, M. 2012. Freiheit und Recht in biblischer Perspektive – Luthers Stellungnahme zu den Zwölf Artikeln der Schwäbischen Bauern. In *Die Zwölf Artikel von 1525 und das „Göttliche Recht" der Bauern. Rechtshistorische und theologische Dimensionen. Schriften des Bonner Zentrums für Religion und Gesellschaft 8*, hrsg. G. Hasselhoff und D. von Mayenburg, 163-177. Würzburg: Ergon-Verlag.

Benrath, G.A. 1995. Ablass. In *Theologische Realenzyklopädie, Bd. 1*, hrsg. G. Krause und G. Müller, 347-364. Berlin/New York: de Gruyter.

Bieber, A. 1992. *Johannes Bugenhagen zwischen Reform und Reformation. Die Entwicklung seiner frühen Theologie anhand des Matthäuskommentars und der Passions- und Auferstehungsharmonie.* Göttingen: Vandenhoek & Ruprecht.

Brandt, R. 2007. *Lasst ab vom Ablass. Ein evangelisches Plädoyer.* Göttingen: Vandenhoek und Ruprecht.

Bugenhagen, J. 2013. Aus der Pauluskommentierung. Ain schöne Offenbarung. In *Reformatorische Schriften (1515/16-1524). Werke Bd. 1.1*, hrsg. A. Bieber-Wallmann, 740-742. Göttingen: Vandenhoek und Ruprecht.

Bugenhagen, J. 1976. *Der Ehrbaren Stadt Hamburg Christliche Ordnung 1529. De Ordeninge Pomerani*, hrsg. H. Wenn. Hamburg: Wittig.

Bugenhagen, J. 1910: *Ungedruckte Predigten aus den Jahren 1524 bis 1529. Quellen und Darstellungen aus der Geschichte des Reformationsjahrhunderts 13*, hrsg. G. Buchwald. Leipzig: Heinsius.

Bugenhagen, J. 1867. Von dem christlichen Glauben. In *Johannes Bugenhagen Pomeranus. Leben und ausgewählte Schriften. Leben und ausgewählte Schriften der Väter und Begründer der lutherischen Kirche IV.* hrsg. K.A.T. Vogt, 101-267. Elberfeld: Friedrichs.

Deflers, I. 2005. *Lex und ordo. Eine rechtshistorische Untersuchung der Rechtsauffassung Melanchthons.* (Schriften zur Rechtsgeschichte 121). Berlin: Duncker und Humboldt.

Ebeling, G. 1967. Zur Lehre vom triplex usus legis in der reformatorischen Theologie. In *Wort und Glaube*, Ders., 50-68. Tübingen: Evangelische Verlagsanstalt.

Gäbler, U. 1983. *Huldrych Zwingli. Eine Einführung in sein Leben und sein Werk.* München: Theologischer Verlag.

Haas, M. 1969. *Huldrych Zwingli und seine Zeit. Leben und Werk des Zürcher Reformators.* Zürich: Theologischer Verlag.

Hamm, B. 2016. *Ablass und Reformation. Erstaunliche Kohärenzen.* Tübingen: Mohr Siebeck.

Hamm, B. 1988. *Zwinglis Reformation der Freiheit.* Neukirchen-Vluyn: Neukirchener Verlag.

Hasselhoff, G. und von Mayenburg, D. 2012. *Die Zwölf Artikel von 1525 und das „Göttliche Recht" der Bauern. Rechtshistorische und theologische Dimensionen. Schriften des Bonner Zentrums für Religion und Gesellschaft 8.* Würzburg: Ergon-Verlag.

Hauschild, W.-D. 1981. Einleitung. In *Lübecker Kirchenordnung von Johannes Bugenhagen 1531*, hrsg. Ders., XI-XXXVI. Lübeck: Schmidt-Röhmhild.

Heckel, J. 1973. *Lex charitatis*, 2. Aufl. Köln/Wien: Böhlau.

Heckel, M. 2016. *Martin Luthers Reformation und das Recht.* Tübingen: Mohr Siebeck.

Heinemann, O. 1986. *Johannes Bugenhagens Pomerania. Quellen zur Pommerschen Geschichte IV.* Köln: Vandenhoek und Ruprecht.

Holfelder, H.H. 1981. *Solus Christus. Die Ausbildung von Bugenhagens Rechtfertigungs-lehre in der Paulusauslegung (1524/25) und ihre Bedeutung für die theologische Argu-mentation im Sendbrief „Von dem christlichen Glauben" (1526). Eine Untersuchung zur Genese von Bugenhagens Theologie. Beiträge zur historischen Theologie 63*. Tübingen: Mohr Siebeck.

Höpfl, H. 1991. *Luther and Calvin on Secular Authority. Cambridge Texts in the History of Political Thought*. Cambridge: Cambridge University Press.

Jombart, É. 1950. Indulgences. In *Dictionnaire de droit canonique Bd. 5*, hrsg. R. Naz, 1331–1352. Paris: Librairie Letouzey et Ané.

Kaufmann, Th. 2009. *Geschichte der Reformation*. Frankfurt a.M., Leipzig: Verlag der Weltreligionen.

Kisch, G. 1967. *Melanchthons Rechts- und Soziallehre*. Berlin: de Gruyter.

Kötter, R. 1994. *Johannes Bugenhagens Rechtfertigungslehre und der römische Katholizis-mus. Studien zum Sendbrief an die Hamburger (1525). Forschungen zur Kirchen- und Dogmengeschichte 59*. Göttingen: Vandenhoek und Ruprecht.

Laudage, Ch. 2016. *Das Geschäft mit der Sünde. Ablass und Ablasswesen im Mittelalter*. Freiburg i.Br. u.a.: Herder.

Leder, H.-G. 2008. Bugenhagen, Johannes. In *Handwörterbuch zur Deutschen Rechtsge-schichte Bd. 1*, 2. Aufl., hrsg. A. Cordes, 709-711. Berlin: Schmidt.

Leder, H.-G. 2002. *Johannes Bugenhagen Pomeranus – Vom Reformer zum Reformator. Studien zur Biographie. Greifswalder theologische Forschungen 4*, hrsg. V. Gummelt. Frankfurt a.M. u.a.: Lang.

Leder, H.-G. 1981. Johannes Bugenhagen. In *Die Reformationszeit I. Gestalten der Kir-chengeschichte 5*, hrsg. M. Greschat, 233-246. Stuttgart u.a.: Brill-Verlag.

Leemann-van Elck, P. 1961. Froschauer, Christoph der Ältere. In *Neue Deutsche Biogra-phie Bd. 5*, hrsg. Historische Kommission bei der Bayerischen Akademie der Wissen-schaften, 664-665. Berlin: Duncker & Humblot.

Locher, G. W. 1979. *Die Zwinglische Reformation im Rahmen der europäischen Kirchen-geschichte*. Göttingen, Zürich: Vandenhoeck und Ruprecht.

Locher, G.W. 1981. Huldrych Zwingli. In *Die Reformationszeit I. Gestalten der Kirchen-geschichte 5*, hrsg. M. Greschat, 187-216. Stuttgart u.a.: Brill-Verlag.

Lorentzen, T. 2008. *Johannes Bugenhagen als Reformator der öffentlichen Fürsorge. Spät-mittelalter, Humanismus, Reformation 44*, Tübingen: Böhlau-Verlag.

Lück, H. 2007. Prudentia legislatoria. Regelungssystematik und Regelungstechnik in den Kirchenordnungen Johannes Bugenhagens. In *Johannes Bugenhagen (1485-1558). Der Bischof der Reformation*, hrsg. I. Garbe und H. Kröger, 171-189. Leipzig: Evangelische Verlagsanstalt.

Luther, M. 1982a. Disputatio pro declaratione virtutis indulgentiarum (Disputation zur Er-läuterung der Kraft des Ablasses – 95 Thesen) [1517]. In *Ausgewählte Schriften*, hrsg. K. Bornkamm und G. Ebeling, 26-37. Frankfurt a.M.: Insel-Verlag.

Luther, M. 1982b. Sermon von den guten Werken [1520]. In *Ausgewählte Schriften*, hrsg. K. Bornkamm und G. Ebeling, 38-149. Frankfurt a.M.: Insel-Verlag.

Luther, M. 1982c. Von der Freiheit eines Christenmenschen [1520]. In *Ausgewählte Schrif-ten*, hrsg. K. Bornkamm und G. Ebeling, 238-263. Frankfurt a.M.: Insel-Verlag.

Luther, M. 1900. Von weltlicher Uberkeytt wie weyt man yhr gehorsam schuldig sey (1523). In *Martin Luthers Werke. Kritische Gesamtausgabe Bd. 11: Predigten und Schriften 1523*, hrsg. Heidelberger Akademie der Wissenschaften, 245-280. Weimar: Böhlau.

Melanchthon, Ph. 2012. *Heubtartikel Christlicher Lere [1553]*, 3. Aufl., hrsg. R. Jenett und J. Schilling. Leipzig: Evangelische Verlagsanstalt.

Melanchthon, Ph. 1997. *Loci Communes [1521]*, 2. Aufl., hrsg. H. G. Pöhlmann. Gütersloh: Haus Mohn.

Melanchthon, Ph. 1854a. Eyn schrifft widder die artickel der Bawrschafft. In *Corpus Reformatorium 20*, hrsg. H.-E. Bindseil, 642-662. Braunschweig: Schwetschke und Sohn.

Melanchthon, Ph. 1854b. Loci theologici – secunda aetas [1535]. In *Corpus Reformatorum 21*, hrsg. H.E. Bindseil, 348-560. Braunschweig: Schwetschke und Sohn.

Melanchthon, Ph. 1854c. Loci theologici – tertia aetas [1535]. In *Corpus Reformatorum 21*, H.E. Bindseil, 601-798. Braunschweig: Schwetschke und Sohn.

Melanchthon, Ph. 1850a. Enarrationes librorum Ethicorum Aristotelis [1529]. In *Corpus Reformatorum 16*, hrsg. H.E. Bindseil, 277-416. Braunschweig: Schwetschke und Sohn.

Melanchthon, Ph. 1850b. Prolegomena in officia ciceronis. In *Corpus Reformatorum 16*, 533-614. hrsg. C. Peucer. Braunschweig: Schwetschke und Sohn.

Moldaenke, G. 1961. Flacius, Matthias. *Neue Deutsche Biographie 5*: 220-222. https://www.deutsche-biographie.de/gnd118533649.html#ndbcontent. Zugegriffen 24. Februar 2017.

Olesen, J.E. 2007. Staat und Stadt – über die Rolle der Landesväter und Behörden im Denken und Handeln Johannes Bugenhagens. In *Johannes Bugenhagen (1485-1558). Der Bischof der Reformation*, hrsg. I. Garbe und H. Kröger, 93-110. Leipzig: Evangelische Verlagsanstalt.

Paulus, N. 2000. *Geschichte des Ablasses am Ausgang des Mittelalters*, 2. Aufl. Darmstadt: Wissenschaftliche Buchgemeinschaft.

Pihlajamäki, H. und Saarinen, R. 2006. Lutheran Reformation and the Law in Recent Scholarship. In *Lutheran Reformation and the Law. Studies in Medieval and Reformation Tradition CXII*, ed. V. Mäkinen, 1-17. Leiden/Boston: Brill.

Richter, A. 1846. *Die evangelischen Kirchenordnungen des sechzehnten Jahrhunderts. Bd. 1: Vom Anfange der Reformation bis zur Begründung der Consistorial-Verfassung im Jahr 1542*, Weimar: Verlag des Landes-Industriecomptoirs.

Richter, L. 1970. *Geschichte der evangelischen Kirchenverfassung in Deutschland*. Amsterdam: Rodopi.

Roeder, T. 2015. *Das Notariat, sein Recht und seine Geschichte im „Land Hannover".* Göttingen: V&R Unipress.

Schmoeckel, M. 2015. *Das Recht der Reformation.* Tübingen: Mohr-Siebeck.

Schmoeckel, M. 2013. Education by Means of Law. In *Concepts of Law in the Sciences, Legal Studies, and Theology. Religion in Philosophy and Theology 72*, ed. M. Welker und G. Etzelmüller, 239-249. Tübingen: Mohr-Siebeck.

Schmoeckel, M. 2012a. Die Reichsnotariatsordnung von 1512. Entstehung und Würdigung. In *Handbuch zur Geschichte des deutschen Notariats seit der Reichsnotariatsordnung von 1512. Rheinische Schriften zur Rechtsgeschichte 17*, hrsg. Ders. und W. Schubert, 29-74. Baden-Baden: Nomos.

Schmoeckel, M. 2012b. Der Bauernkrieg und Melanchthons Kehre. In *Die Zwölf Artikel von 1525 und das «Göttliche Recht» der Bauern. Rechtshistorische und theologische*

Dimensionen. Schriften des Bonner Zentrums für Religion und Gesellschaft 8, hrsg. G. Hasselhoff und D. von Mayenburg, 179-202. Würzburg: Ergon-Verlag.

Schmoeckel, M. 2009. Leges et in carmina redigendae sunt. Die Erfindung der Kodifikation als Konzept durch Melanchthon und deren Rezeption in katholischen Staaten bis 1811. *ZRG KA 126*: 397-436.

Schorn-Schütte, L. 2014. Die Drei-Stände-Lehre im reformatorischen Umbruch. In *Perspectum. Ausgewählte Aufsätze zur Frühen Neuzeit und Historiographiegeschichte anlässlich ihres 65. Geburtstages*, hrsg. A. Kürbis, H. Kürbis, und M. Friedrich, 251-280. München: Oldenbourg.

Schulz, K. 1958. Bugenhagen als Schöpfer der Kirchenordnung. In *Johann Bugenhagen. Beiträge zu seinem 400. Todestag*, hrsg. W. Rautenberg, 51-63. Berlin: Evangelische Verlagsanstalt.

Sprengler-Ruppenthal, A. 1971. Bugenhagen und das protestantische Kirchenrecht. *ZRG KA 57*: 196-233.

Vainio, O.-P. 2008. *Justification and Participation in Christ. The Development of the Lutheran Doctrine of Justification from Luther to the Formula of Concord (1580)*. Leiden/Boston: Brill Academic Publishers.

Vogt, K.A.T. 1867. *Johannes Bugenhagen Pomeranus. Leben und ausgewählte Schriften. Leben und ausgewählte Schriften der Väter und Begründer der lutherischen Kirche IV.* Elberfeld: R.Z. Friedrichs.

Vogt, O. 1966. *Dr. Johannes Bugenhagens Briefwechsel*. Hildesheim: Olms.

Weimer, Ch. 1999. *Luther, Cranach und die Bilder. Gesetz und Evangelium – Schlüssel zum reformatorischen Bildgebrauch*. Stuttgart: Calwer-Verlag.

Witte jr., J. 2002. *Law and Protestantism. The Legal Teachings of the Lutheran Reformation*. Cambridge: Cambridge University Press.

Zwingli, H. 1914. De vera et falsa religione commentarius, [März 1525]. In *Huldreich Zwinglis sämtliche Werke vol. 3. Corpus Reformatorum 90*, hrsg. E. Egli, 628-911. Leipzig: Heinsius.

Zwingli, H. 1908. Eine kurze christliche Einleitung [17.11.1523]. In *Huldreich Zwinglis sämtliche Werke vol. 2. Corpus Reformatorum 89*, hrsg. E. Egli, 628-663. Leipzig: Heinsius.

Zwingli, H. 1905a. Von Erkiesen und Freiheit der Speisen. In *Huldreich Zwinglis sämtliche Werke. vol. 1. Corpus Reformatorum 88*, hrsg. E. Egli, 88-136. Berlin: Schwetschke. http://www.irg.uzh.ch/static/zwingli-werke/index.php?n=Werk.8, Zugegriffen: 28. Februar 2016.

Zwingli, H. 1905b. Aktenstücke zur ersten Zürcher Disputation: I. Die 67 Artikel Zwinglis. In *Huldreich Zwinglis sämtliche Werke vol. 1. Corpus Reformatorum 88*, hrsg. E. Egli, 458-465. Berlin: Schwetschke.

Zwingli, H. 1905c. Von götlicher und menschlicher gerechtigkeit, wie die zemen schind und standind. In *Huldreich Zwinglis sämtliche Werke* vol. 1. *Corpus Reformatorum 88*, hrsg. E. Egli, 471-545. Berlin: Schwetsche.

Autoren

Johannes Fischer, Prof. em. Dr., hatte an der Universität Zürich einen Lehrstuhl für Theologische Ethik und leitete dort das Institut für Sozialethik sowie den Universitären Forschungsschwerpunkt (UFSP) Ethik. Forschungsschwerpunkte waren Grundlagenfragen der theologischen und philosophischen Ethik, Fragen der Medizin- und Bioethik, der Gerechtigkeit und der Menschenrechte. *Ausgewählte Publikationen*: Theologische Ethik. Grundwissen und Orientierung, Stuttgart: Kohlhammer 2002; Grundkurs Ethik. Grundbegriffe philosophischer und theologischer Ethik, Stuttgart: Kohlhammer 2007 (zusammen mit Stefan Gruden, Esther Imhof, Jean-Daniel Strub). *Kontakt*: johannes.fischer@gmx.ch

Martin Kolmar, Prof. Dr., ist Professor der Volkswirtschaftslehre und Direktor des Instituts für Wirtschaftsethik an der Universität St. Gallen. Er arbeitet derzeit zu Fragen der Grundlagen menschlicher Wahrnehmung und Entscheidungen sowie ihren Implikationen für Wirtschaft und Gesellschaft, Ethik und Konflikttheorie. *Ausgewählte Publikationen*: Bücher: Principles of Microeconomics – An Integrative Approach, Springer 2017, Grundlagen der Wirtschaftspolitik (mit Friedrich Breyer), Mohr Siebeck, 4. Aufl. 2014, Fachzeitschiften: Beveridge versus Bismarck Public-Pension Systems in Integrated Markets, Regional Science and Urban Economics, 2007, 649-669, A Theory of User-Fee Competition, Journal of Public Economics, 91, 2007, 497-509 (mit Clemens Fuest), Contests with Group-Specific Public Goods and Complementarities in Efforts, Journal of Economic Behavior and Organization 89, 2013, 9-22 (mit Hendrik Rommeswinkel), Distributional preferences in probabilistic and share contests, Journal of Economic Behavior and

Organization 142, 2017, 120-139 (mit Magnus Hoffmann), Sonstiges: Reise zum Mittelpunkt der Leere, Neue Zürcher Zeitung (mit Fritz Breithaupt), 23.01.2017, Wider das Bauchgefühl, Die Zeit 21.12.2016. *Kontakt*: martin.kolmar@unisg.ch

Mathias Lindenau, Prof. Dr., lehrt an der FHS St. Gallen und leitet dort das Zentrum für Ethik und Nachhaltigkeit (ZEN-FHS). Forschungsschwerpunkte sind politische Ideengeschichte, politische Philosophie, Utopiegeschichte, Spannungsfeld Sicherheit und Risiko und normative Fragen anwendungsorientierter Ethik. *Ausgewählte Publikationen*: Requiem für einen Traum? Münster: LIT 2007; (zusammen mit Marcel Meier Kressig als Hrsg.) Zwischen Sicherheitserwartung und Risikoerfahrung. Bielefeld: transcript 2012; Gustav Landauer. In Rüdiger Voigt (Hrsg.): Staatsdenken. Zum Stand der Staatstheorie heute. Baden-Baden: Nomos 2016; Kontingenzbewusstsein in der Utopie Gustav Landauers. In Alexander Amberger und Thomas Möbius (Hrsg.): Auf den Spuren Utopias. Utopie und Utopieforschung. Wiesbaden: Springer. *Kontakt*: mathias.lindenau@fhsg.ch

Daniel Schmid Holz, Pfr. Dr., Master Ausbildungsmanagement MAS AM, Beauftragter für Erwachsenenbildung und Geschäftsführer für das Reformationsjubiläum in der Evangelisch-reformierten Kirche des Kantons St. Gallen. Schwerpunkte sind theologische und ethische Bildung, insbesondere für kirchliche Mitarbeitende und ehrenamtlich Tätige sowie der Dialog zwischen Kirche und Gesellschaft. *Kontakt*: schmidholz@ref-sg.ch

Mathias Schmoeckel, Prof. Dr., lehrt an der Universität Bonn, Direktor des Instituts für Rheinische und Deutsche Rechtsgeschichte sowie des Rheinischen Instituts für Notarrecht. Forschungsschwerpunkte sind die Zusammenhänge der Rechtsentwicklung mit der Theologie, insbesondere kanonisches Recht und Reformationsgeschichte, sowie Rechtsgeschichte der Wirtschaft und Erbrecht. *Ausgewählte Publikationen*: Das Recht der Reformation. Die epistemologische Revolution der Wissenschaft und die Spaltung der Rechtsordnung in der Frühen Neuzeit, Tübingen 2014; Die Jugend der Justitia. Archäologie der Gerechtigkeit im Prozessrecht der Patristik, Tübingen 2013; Rechtsgeschichte der Wirtschaft seit dem 19. Jahrhundert, Tübingen 2. Aufl. 2016; Erbrecht, Baden-Baden 4. Aufl. 2016; Auf der Suche nach der verlorenen Ordnung. 2000 Jahre Recht in Europa – ein Überblick, Köln/ Weimar/ Wien 2005, gleichzeitig Darmstadt 2005. *Kontakt*: mschmoeckel@jura.uni-bonn.de

Christoph Stückelberger, Prof. Dr. Dr. h.c., Prof. em. Universität Basel, Gastprofessor in Enugu/Nigeria, Moskau/Russland und Peking/China. Präsident und

Gründer der Globethics.net Foundation und Direktor der Geneva Agape Foundation, beide in Genf. *Publikationen*: Autor und Herausgeber unzähliger Bücher zu angewandter Ethik, besonders zu Wirtschaftsethik, politische Ethik, Umweltethik, Korruption, Leadership, Werte, Methoden der Ethik, interkulturelle Ethik, Globale Ethik etc. Neuere Publikationen: 4-bändige Auswahl seiner Artikel (Global Ethics Applied Bd 1-4, 1500 Seiten). Genf 2016; mit Divya Singh (Hrsg.): Ethics in Higher Education. Genf 2017; Global Ethics for Leadership. Genf 2016 (freier Download unter: www.globethics.net/publications). *Kontakt*: Stueckelberger@gafoundation.world

The manufacturer's authorised representative in the EU is Springer
Nature Customer Service Centre GmbH, Europaplatz 3, 69115 Heidelberg,
Germany. If you have any concerns regarding our products, please
contact ProductSafety@springernature.com

Printed and bound by CPI Group (UK) Ltd, Croydon, CR0 4YY

27/04/2026

02097655-0005